KB061408

미식에서 시작해서 ——— 지식으로 끝나는

미식경제학

Writer
토스 · 박민혁(공격수셰프)

위즈덤하우스

군침도 돌고 머리도 도는

미식과 경제 이야기

미식경제학

NATURAL WINE

와인계의 민트초코, 내추럴 와인

HOT PLACE

핫플레이스의 조건

CHEESE

당신이 모차렐라 치즈밖에 모르는 이유

WINE
NATURAL
WINE
NATURAL
WINE
NATURAL
NATURAL
WINE
NATURAL

NATURAL
WINE

미//ㅅ
ㄱ8제09른

NATURAL
WINE

EP 1.

NATURAL
WINE

와인계의 민트초코, 내추럴 와인

NATURAL
WINE

NATURAL
WINE

AT
W

NATURAL

내추럴 와인이 뭐길래,

힙의 대명사가 된 걸까?

 최영선
프랑스 파리 소재의 와인 에이전시 비노필 대표. 2017년 국내에 처음으로 내추럴 와인을 소개하는 살롱오를 개최한 이후 꾸준히 그 저변을 넓혀왔다. 또한 『내추럴 와인메이커스』『내추럴 와인메이커스 두 번째 이야기』를 집필하며 대중들이 내추럴 와인을 잘 이해하고 가까이 느낄 수 있도록 노력하고 있다.

힙 플레이스를 알고 싶다면?
내추럴 와인을 검색하세요!

"요즘 어떤 동네가 가장 힙하지?"

저처럼 브랜드를 운영하는 사업자 입장에서 가장 관심이 쏠리는 질문입니다. 특히 서울은 흐름이 정말 자주 바뀌는 도시이다 보니 매번 따라가기가 쉽지 않죠. 그런데 요즘 전 세계 도시에 적용해볼 만한 공식이 하나 있다고 합니다. 바로 1) 구글 맵 어플을 연다. 그리고 2) '내추럴 와인'을 검색한다.

사실 내추럴 와인바가 힙한 동네의 대명사가 된 지는 꽤 오래됐습니다. 'Raisin'이라고 내추럴 와인바를 중심으로 와인숍을 추천해주는 앱이 있는데요. 가장 많이 추천해주는 지역이 바로 뉴욕의 브루클린입니다. 뉴욕에서도 가장 트렌디한 곳이죠. 우리나라는 어떨까요? 요즘 소위 핫하다는 지역으로 알려진 을지로, 송리단길, 성수, 그리고 삼각지에서 시작해 용리단길까지 모두 내추럴 와인바가 많이 포진해 있습니다. 도대체 내추럴 와인이 뭐길래, 힙의 대명사가 된 걸까요?

내추럴 와인은 뭐가 다를까?

내추럴 와인은 화학적 처리나 첨가제 없이 만들었다고 해서 붙여진 이름입니다. 와인 제조 과정은 크게 두 가지로 나누어 생각해볼 수 있는데요. 우선 와인에 쓰일 포도를 재배하고 수확하는 과정이 첫 번째, 그리고 그렇게 수확한 포도를 으깨고, 발효시키고, 숙성시켜 병에 담는 양조 과정이 두 번째입니다.

컨벤셔널 와인이라고 불리는 일반 와인의 경우, 포도를 재배하고 수확하는 과정에서 살충제나 제초제가 사용되고 양조 과정에서도 첨가물이 들어가죠. 내추럴 와인은 이런 첨가물들을 최대한 쓰지 않고 발효시킬 때도 자연 효모를 주로 사용합니다. 그렇기에 대체로 향이 강하고 산미가 세죠. 산도가 높아야 첨가물을 넣지 않아도 잘 썩지 않기 때문이에요. 즉, 화학비료를 일체 사용하지 않고 유기농 또는 비오디나미[1] 농법으로 재배한 포도를 첨가물 없이 발효를 시켜서, 병에 담을 때까지 아무것도 넣지 않고 생산한 와인, 그것이 내추럴 와인입니다.

경우에 따라 탄산의 기운이 느껴지기도 하는데 탄산가스를 인위적으로 주입한 것이 아니라, 발효 과정에서 거품이 자연 발생한 거예요. 이렇게 거품이 보이는 와인을 '펫낫Pét-Nat[2] 와인'이라고 하죠. 보기에도 생동감이 넘치는데요, 맛도 부드럽다는 평이 많습니다. 그렇다면 컨벤셔널 와인에 굳이 첨가물을 더하는 이유는 뭘까요?

[1] 친환경 농법 중 하나.

[2] 페티앙 나투렐(Pétillant Naturel)이라는 프랑스어의 줄임말로 페티앙(pétillant) 은 '탄산수 따위가 소리를 내며 거품이 이는'이라는 뜻이고 나투렐(naturel)은 '천연의'라는 의미라, '펫낫'은 와인을 만들 때 자연적으로 생성된 거품, 자연적인 스파클링 와인을 일컫는 단어다.

와인에 레시피가 있는 이유

컨벤셔널 와인은 한마디로 레시피가 있는 와인이에요. 대량 생산을 해야 하는데 같은 라벨의 상품이라면 맛이 같아야 하잖아요. 그래서 보관하고 유통하는 과정에서 맛이 변하지 않도록 첨가물을 넣는 거죠. 어떤 맛을 내기 위해서 특정한 배양 효모를 집어넣고, 또 산이 부족하면 산을 만들어주는 물질을 집어넣고, 산이 너무 많으면 산을 없애주는 물질을 집어넣고 하는 식으로요.

아무래도 대량 생산을 위해서는 포도를 재배할 때 화학비료나 농약을 사용하는 수밖에 없는데요. 와인을 만들 때는 맛 때문에 포도를 절대 씻어서는 안 돼요. 그렇다면 포도에 묻은 농약이나 살충제 때문에 발효를 시키는 과정에서 자연스레 자연 효모가 많이 죽게 되죠. 그렇기에 배양 효모를 인위적으로 더 넣어 발효를 지속시켜야 해요. 이때 배양 효모를 어느 정도 더 첨가해야 할지 와인마다 레시피가 따로 있는 거고요. 레시피에 따라 탄닌을 더 넣기도 하고 경우에 따라 산을 없애거나 산이 만들어지는 약을 넣기도 하죠.

그리고 와인 양조 과정에서 상당한 양의 이산화황을 넣어요. 황은 효모는 그대로 두고 박테리아만 죽이는데, 이는 와인이 식초가 되는 걸 막아주는 대표적인 방법이에요. 그런데 내추럴 와인은 황을 넣지 않고 양조를 하게 되니, 이런 위험에 고스란히 노출되지요. 하지만 맛은 훨씬 더 풍부하게 살아 있어요. 이렇게 살아 있는 풍미는 시간이 지나면서 계속 변할 수밖에 없어요. 그리고 아주 오랫동안 살아 있습니다.

라벨의 무게감

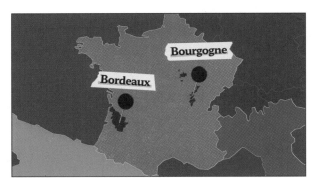

와인은 지구상에서 가장 오래된 음료 중 하나입니다. 그리스 로마 신화나 길가메시 서사시에 등장할 만큼 역사가 깊죠. 그만큼 시장의 역사도 길고요. 이렇게 오랜 시간을 거쳐 형성된 시장의 경우 특징이 있습니다. 바로 기존에 명망 높은 플레이어들이 그 시장을 꽉 잡고 있다는 거죠.

전 세계 와인의 절반이 세 나라에서 생산됩니다. 이탈리아, 스페인, 프랑스예요. 와인이 서유럽 국가에서 많이 생산되는 이유는 토질, 기후, 강수량 같은 재배 환경이 와인의 재료인 포도의 맛을 결정하기 때문입니다. '테루아'Terroir라고도 하죠. 와인용 포도가 맛있으려면 여름에 물이 없고 건조해야 하는데, 우리나라 기후는 여름에 굉장히 습하잖아요. 국산 와인 중에 고급 와인이 비교적 드문 이유가 바로 날씨 때문입니다.

이렇게 테루아가 중요하다 보니 와인 라벨의 경우 포도밭이나 와이너리가 소재한 지역의 이름을 따서 붙이는 경우가 많은데요. 가장 유명한 라벨인 보르도나 부르고뉴도 프랑스의 지역명입니다. 우리나라로 치면 안동소주 같은 거죠. 이런 특정 지역에서 특정 생산자가 생산하는 와인은 그 희소성 때문에 그 가치를 더욱 인정받습니다. 대표적인 것이 바로 부르고뉴 그랑 크뤼Grand Crus입니다. 부르고뉴 지방에서 최상의 입지 조건을 갖춘 단 1~2퍼센트 밭에서 만들어지는 와인을 의미해요. 한 병에 수백만 원을 호가하는 와인도 있습니다.

그렇기에 와인 시장에서 생산 지역을 내세우는 것은 일종의 브랜딩이기도 합니다. 품종이나 생산자는 대체 가능하지만 땅은 대체 불가능한 요소니까요. 똑같은 피노 누아Pinot Noir 품종이라고 해도 부르고뉴에서 재배한 피노 누아로 생산한 와인은 더 특별하다고 말할 수 있는 거죠.

그런데 와인의 맛을 결정하는 것이 재배 환경이 전부일까요. 품종에 따라 다를 수도 있고, 생산자의 역량도 영향을 끼칠 수 있죠. 와인용 포도를 재배하기 적합한 환경이 꼭 유럽에만 있을 리도 없고요. 지역을 내세워 라벨링하는 기존의 와인 시장에 답답함을 느끼는 사람들이 생겨나기 시작합니다.

예컨대 신대륙 와인의 대표 주자인 캘리포니아 와인은 지역보다는 샤도네이Chardonnay, 진판델Zinfandel처럼 품종을 내세우는 전략을 택하고 있습니다. 내추럴 와인도 크게 보면 이런 맥락 안에서 더욱 주목받고 있고요. 1세대 내추럴 와인 메이커인 '피에르 오베르누아'Pierre Overnoy는 1980년대부터 프랑스 쥐라에서 와인을 생산했는데요. 쥐라는 원래 와인 생산지로 주목받던 곳이 아니었습니다. 지금은 프랑스뿐만 아니라, 헝가리, 오스트리아 같은 나라도 내추럴 와인 산지로 각광을 받고 있어요.

어떻게 보면 내추럴 와인의 라벨들은 기존 클래식한 와인 라벨의 복잡한 규정을 깨고 있다고 볼 수 있어요. 제가 처음 프랑스에서 와인을 배울 때 라벨을 읽는 방법부터 배웠거든요. 라벨을 보면 아펠라시옹(생산지)을 알 수 있는데, 그럼 그 지역에서 어떤 품종의 포도를 재배하는지도 떠올릴 수 있으니까요. 그런데 내추럴 와인은 보르도나 부르고뉴처럼 특정 와이너리 출신 상품만 인정받는 시스템이 아니에요.

지역을 내세워 라벨링하는 기존의 와인 시장에 답답함을
느끼는 사람들이 생겨나기 시작합니다. 내추럴 와인도
이런 맥락 안에서 더욱 주목받고 있죠.

생산 연도

생산 지역
제일 메인!

품종

생산자

BOURGOGNE
CHARDONNAY
Olivier Leflaive

NATURAL WINE
내추럴 와인

와이너리 이단아의 등장

 내추럴 와인 열풍의 한가운데 얀 뒤리유Yann Durieux라는 사람이 있
습니다. 얀 뒤리유는 부르고뉴의 명망 높은 와인 가문 출신입니
다. 이 집안은 컨벤셔널 와인을 생산해왔는데, 아들인 뒤리유는
그런 집안 분위기가 답답했는지 어렸을 때부터 많이 엇나갔어요.
술도 많이 마시고 대마초도 피우며 탕아처럼 지내다가 정신을 차
리고 다시 와인업계로 돌아갔죠. 처음엔 부르고뉴의 와이너리에
서 트랙터를 몰았어요. 밤낮을 가리지 않고 일하는 사람으로 유
명했죠. 오밤중에도 밭에 일이 생기면 무조건 뛰어나갔대요. 직
접 만나봤는데, 외모부터 엄청 튀었어요. 레게 머리를 하고 있었
는데, 부르고뉴에서 와인을 만드는 사람 중에 그런 스타일은 없
거든요. 대표적인 이단아죠.

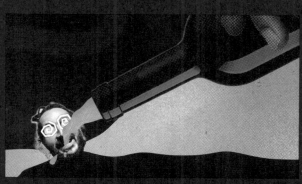

NATURAL WINE
내추럴 와인

내추럴 와인 열풍의 중심

기존의 와이너리 문화를 답답해 하던 얀 뒤리유는 결국 싸구려 품종으로 취급받던 알리고테로 고급 화이트 와인을 생산해냅니다. 이렇듯 내추럴 와인은 지역명이나 품종에 기대지 않고 와인 메이커 각각의 스토리와 취향을 강조합니다. 라벨 디자인도 기존의 고착화된 스타일에서 벗어나 훨씬 자유분방해졌죠. 보다 직관적이기도 하고 일러스트 등을 활용해 힙한 이미지를 만들어냈어요. 이런 인스타그래머블한 라벨을 내추럴 와인의 인기 요인으로 꼽기도 하죠.

결국 내추럴 와인은 비집고 설 틈이 보이지 않았던 기존 와인 시장에 차별화된 포지셔닝으로 틈새시장을 만들어내는 데 성공합니다. 우리나라에서도 SNS와 인플루언서를 중심으로 내추럴 와인 열풍이 불기 시작했죠. 일단 1세대 내추럴 와인바인 '빅 라이츠'가 입소문을 탔고, 이효리 씨가 프로그램 〈놀면 뭐하니?〉에서 내추럴 와인 '인디제노'를 마시는 것이 방송되면서 소위 '완판'을 이끌어냅니다. 라벨도 예쁜데, 가격도 적당하고, 트렌드 세터 이효리 씨가 마셨다고 하니 그럴 수밖에요.

내추럴 와인은 특히 MZ세대 중심으로 인기를 얻고 있습니다. 코로나19 이후 집에서 술을 즐기는 인구가 늘면서 와인이 큰 수혜를 입었는데요. 2019년 3천억 원 수준이었던 와인 수입액이 2년 만에 두 배로 늘었습니다. 이렇게 와인에 대한 수요가 커지면서 초심자도 늘고, 자연스레 색다른 와인을 찾는 소비자도 많아졌죠. 사실 기존의 컨벤셔널 와인의 경우, 지역명과 품종명이 다양하고 라벨만 봐서는 뭐가 뭔지 제대로 알기가 어려운 편이잖아요. 그런데 내추럴 와인은 맛의 개성과 예쁜 라벨, 와인 메이커의 스토리 등 보다 직관적인 정보를 내보이고 있기에, 초심자들이 접근하기가 더 쉽죠.

컨벤셔널 와인과 달리,
내추럴 와인은 지역명이나 품종에 기대지 않고
와인 메이커 각각의 스토리와 취향을 강조합니다.

NATURAL WINE
내추럴 와인

와인계의 민초 같은 존재

내추럴 와인은 맛의 개성이 강하기에 호불호가 갈리는 편이긴 해요. 좋아하면 환장하고 싫어하면 쳐다보지도 않는 거죠. 내추럴 와인의 가치가 부풀려졌다고 보는 사람들도 있고요. 와인계의 민트초코 같달까요.

사실 와인 자체가 소비자 입장에서는 굉장히 어렵고 불친절한 상품입니다. 우선 라벨의 정보가 굉장히 불친절한 편이에요. 맥주 라벨과 비교해보세요. 필수적인 영양 정보도 없고, 단맛, 쓴맛, 신맛 등 맛에 관한 정보도 거의 없죠. 라벨에 있는 정보를 모두 안다고 맛을 예측할 수 있는 게 아닌 거예요. 보통 와인의 맛이라고 하면 단맛, 신맛, 알코올의 절묘한 균형인데요. 여기에 변수가 너무 많이 작용합니다. 애초에 와인마다 품종, 효모, 재배 환경이 다 다른 데다가 한 포도밭에서 수확한 포도를 사용한 같은 라벨의 와인이라고 해도 매년 포도가 자라는 기후와 날씨가 다르니 거기에 따라 맛이 달라지죠. 그렇기에 와인을 정말 좋아하는 사람들은 와인이 생산된 그해 날씨가 어땠는지를 검색해보며 고르기도 합니다.

같은 연도에 생산된 와인이라고 해도 그 와인을 언제 마시느냐에 따라 맛이 또 달라져요. 우리가 어떤 식품을 먹을 때는 그 식품에 기대하는 일정한 맛이 있잖아요. 신라면을 끓이면서 딱 떠올리는 그 맛이 있는 것처럼요. 그런데 와인은 계속 맛과 향이 변해요. 일반 소비자가 블라인드 테스팅에서 와인의 맛을 가려낼 수 있는 확률은 절반도 되지 않는다고 합니다. A라는 와인이 2008년에 병입됐다고 해볼까요. 15년이 지난 지금, 그 와인이 같은 와인일까요? 아니에요. 사람이랑 굉장히 비슷해요. 정점을 향해 올라가다가 정점을 보여주고 난 다음 천천히 늙어갑니다.

와인 가격 논란

미국에는 이런 도시 전설이 있다고 합니다. "레스토랑에 가면 두 번째로 싼 와인은 시키지 마라." 대부분의 고객들이 와인을 고를 때 체면을 생각해서 메뉴판에서 가장 싼 와인은 시키지 않는대요. 대신 두 번째로 저렴한 와인을 고르는 게 보통인데, 레스토랑에서는 그런 심리를 노리고서 그 와인에 바가지를 많이 씌운다는 거죠. 앞서 말했듯 와인은 애초에 공개되는 정보가 부족하고 다른 상품에 비해 다품종 소량 생산 상품이기에, 가격도 고무줄처럼 왔다 갔다 하는 경우가 많아 끊임없이 논란이 되어왔습니다.

사실 와인은 생산자 입장에서도 팔기가 까다로운 상품이긴 합니다. 일단 매해 생산할 수 있는 수가 한정되어 있는 데다가, 유통 과정에서도 나라마다 규제도 다르고 수입 조건도 다르기 때문에 골치가 아프죠. 그리고 소비자가 어떤 환경에서 어느 시점에 마실지도 예측하기 어렵고요. 그렇기에 믿고 맡길 수 있는 소수의 유통사와 거래하게 되는데, 그럼 결국 그 소수의 유통사에서 마진을 정하는 구조가 형성됩니다.

그래도 다행히 최근의 와인 시장은 많이 달라졌습니다. 일단 시장의 규모가 예전보다 커지다 보니 정보 공유가 활발해졌습니다. 예전에는 수입사에서 얼마의 원가로 와인을 수입해오는지 정보를 밝히는 것이 일종의 금기와도 같았습니다. SNS 등에 원가를 공개하면 수입사에서 그 게시물을 내려달라고 연락이 오기도 했어요. 그런데 요즘은 와인바의 수가 워낙 늘어나다 보니 수입사 측에서도 일일이 관리하고 통제하기가 어려워졌죠. 또한 전 세계적으로 와인 시장이 커지면서 생산량도 늘어나게 됐고 저가 와인부터 중가 와인까지 가격대마다 다양한 와인이 유통되면서, 소비자 입장에서는 접할 수 있는 정보가 더 투명하고 다양해졌습니다. 가격대마다 와인별 퀄리티를 좀 더 합리적으로 예측할 수 있게 된 거죠. 대량으로 수입해오는 수입사가 생기면서 단가도 낮아지게 됐고요. 몇 년 전 이마트가 칠레의 한 와이너리로부터 일반적인 와인 수입 규모의 300배가 넘는 양인 100만 병을 수입해와 판매했는데, 당시 현지 판매가보다 저렴한 가격에 판매했다고 해요.

내추럴 와인이 욕먹는 이유도 사실 가격 때문입니다. 내추럴 와인은 가격대에 따라 균일한 품질을 보장하는 요즘의 트렌드에 역행하는 상품이니까요. 가격이 기본적으로 5~6만 원대에서 시작하고, 보관 상태에 따라서 맛이 천차만별입니다. 컨벤셔널 와인의 경우도 일정한 맛을 기대하기가 까다로운 편인데, 내추럴 와인은 어떻겠어요.

내추럴 와인의 맛의 관리는 수입사 쪽에서 어느 정도 책임을 져줘야 해요. 우리나라에 내추럴 와인을 가장 많이 수입하는 벵베 같은 경우는 수입을 해서 일단 6개월 이상 자체적으로 보관합니다. 와인의 상태를 충분히 안정화시키고 테이스팅한 다음, 판매가 가능하다는 판단이 들면 그때 판매를 하는 거죠. 이렇게 잘 안정화된 와인들은 소비자들이 그 맛에 실망할 일이 없어요.

미국에는 이런 도시 전설이 있다고 합니다.
"레스토랑에 가면 두 번째로 싼 와인은 시키지 마라."

멸종 위기에 처한 와인?

이렇게 수요가 늘어 와인 시장 자체가 커지면, 당연히 각 와이너리에서는 생산량을 늘리려고 할 겁니다. 사실 역사적으로 와인을 대량 생산하게 된 지도 얼마 되지 않았어요. 고대에는 양조효모나 배양 효모 같은 건 없었으니까요. 생산량을 늘리고자 할수록 화학비료나 첨가제도 더 많이 사용하게 되는데요. 자연스레 와인의 재료가 되는 포도, 그 포도를 재배하는 땅에도 영향을 미치게 됩니다. 우리가 유례없이 와인 열풍을 즐기는 사이, 우리의 토지도 망가지고 있을지도 모릅니다. 지난 몇 년간 기후 변화로 인해 전 세계적으로 큰 규모의 산불이 발생했는데요. 2019년 호주, 2020년의 캘리포니아 나파 밸리까지 모두 와인 생산지를 끼고 있었습니다. 와인이 멸종 위기 음식으로 꼽히기도 하는 가운데, 제초제나 첨가물을 사용하지 않는다는 내추럴 와인이 던지는 화두에 주목할 필요가 있습니다. 내추럴 와인 생산은 자연 그대로 맛과 풍미를 즐기자는 취지도 있지만, 지속 가능한 방식으로 와인을 생산하자는 목적도 있으니까요. 그것이 상술이든, 브랜딩의 하나든, 거품이든 '자연으로 돌아가자'는 내추럴 와인만의 메시지가 소비자들에게 울림을 주고 있는 건 사실이에요. 내추럴 와인이 그저 한철 유행으로 지나갈 것 같지는 않다고 생각하는 이유입니다.

feat. 얼마 전 부르고뉴 지방에서 굉장히 유명한 와인을 만드는 사람을 만나 대화할 기회가 있었는데, 아버지가 암으로 돌아가셨다고 했습니다. 그런데 그 사인을 두고 '와인메이커의 병'이라고 하더라고요. 포도밭에서 사용한 살충제나 제초제가 암 발병에 영향을 줬을 거라고 생각하는 거죠. 실제로 기존에 컨벤셔널 와인을 만들던 사람들이 내추럴 와인 쪽으로 전향하는 경향이 보여요. 그 이유를 뭐라고 하는지 아세요? 자기가 만든 와인을 자기가 마시고 싶어서래요.

NATURAL WINE
초심자를 위한 내추럴 와인 추천

세파21
Ceppa21

마치 우리나라 막걸리처럼 우윳빛이 나는 펫낫 와인으로 무척 독특한 편입니다. 섬세한 기포, 시트러스와 파인애플, 망고 등 열대 과일의 향, 강렬한 미네랄리티가 정말 매력적인 내추럴 와인이에요. 무더운 날, 아무 생각 없이 벌컥벌컥 마시기에 딱 좋아요.

돌리베이라 마데이라 말바지아
D'Oliveiras Madeira, Malvazia

포르투갈령 마데이라 섬에서 만들어지는 주정 강화 와인인 마데이라 와인은 포르투갈의 포트와인, 스페인의 셰리와인과 비슷한 풍미와 맛을 가지고 있으면서도 미묘한 차이를 가졌는데요. 보통 마데이라는 단맛이 강해 한 잔 이상은 마시기 힘든 편인데, 마데이라 말바지아의 경우 다른 마데이라와는 달리 당도와 산미의 밸런스가 완벽해 얼마든지 여러 잔을 마시기에도 좋고 디저트뿐만 아니라 다양한 요리와 페어링하기에도 좋아요. 특히 위스키처럼 오픈해두고 천천히 즐길 수 있습니다.

프랭크 파스칼, 플뤼엉스 브뤼 나투르
Franck Pascal, Fluence Brut Nature

프랭크 파스칼은 1998년 유기농법을 시작으로 비오디나미
등 진보된 방식의 친환경 농법을 꾸준히 연구하고 시도하며
포도를 재배하고 있는 생산자입니다. 피노 뮈니에(Pinot
Meunier) 품종의 비율이 높은 편으로, 기분 좋은 산미와
부드러운 기포감을 갖고 있습니다. 엔트리급임에도 불구하고
숙성된 향과 품질이 좋은 샴페인이라 어느 모임에서도 사랑받는
공격수셰프만의 픽입니다.

HOT
PLACE

HOT
PLACE

HOT
PLACE

HOT
PLACE

HOT
PLACE

HOT
PLACE

HOT
PLACE

HOT
PLACE

미스
그암레이코

HOT
PLACE

EP 2.

HOT
PLACE

핫플레이스의 조건

HOT
PLACE

HOT
PLACE

HOT
PLACE

HOT
PLACE

서울에서 성수동은

어떻게 핫플이 되었나?

 얼랩   도시계획전문가, 파워트위터리안(@urban_lab)

뜨는 상권,
핫플레이스의 입지 조건

뜨는 상권, 소위 핫플레이스라고 구분할 때, 그 '상권'의 의미를 어떻게 해석하느냐에 따라 답이 달라집니다. 상권의 규모나 매출로만 따진다면 사실 전통적인 상권의 크기가 훨씬 크니까요. 예를 들어 강남역 상권은 사람들이 흔히 "요즘 어디가 뜬대"라고 말하는 상권보다 매출은 훨씬 높을 겁니다.

박민혁 셰프님은 핫플레이스의 입지 조건으로 가장 먼저 올림픽대로와 강변북로 부근을 끼고 있어야 한다고 말씀하시더라고요. 그쪽은 대부분 지하철이 다니는 곳이라 접근성이 좋으니까요. 그리고 주변에 한강 공원처럼 쉴 수 있는 곳이 있고 문화 공간도 많다 보니 무언가를 보기 위해 그곳에 갔다가 음식을 먹기도 하고 쇼핑을 하기도 하는 인구가 모여들어 자연스럽게 상권이 잘 형성될 수 있고요. 이런 얘기들 또한 전통적인 상권의 분류를 기준으로 생각해보면 잘 안 맞을 수 있지만, 신흥 상권에 한해서는 일리가 있는 이야기입니다.

어쨌든 공간에는 사람들이 매력을 느낄 만한 요소가 있어야 하는데, 한강 공원처럼 휴식을 취할 수 있는 곳이라는 게 충분히 매력적이라고 생각해요. 그런데 휴식할 수 있는 곳을 기준으로 생각해보면, 솔직히 경기도에 그런 곳들이 훨씬 많죠. 그럼에도 불구하고 그곳이 모두 뜨는 상권이 되지 못하는 건 사람들이 쉽게 갈 수 없기 때문이에요. 그렇기 때문에 셰프님이 '접근성'을 가장 우선적인 요건으로 말씀하신 것도 납득이 됩니다.

고정 수요의 중요성

그런데 저는 접근성이나 입지 조건이 좋다는 그런 물리적인 요건들에 더해서, 새로운 인구가 해당 지역에 유입이 되는지도 정말 중요한 조건이라고 생각합니다. 이때 '새로운 인구'는 여러 부류로 나눠 생각해볼 수 있을 것 같아요. 원래 이 동네에 살지 않았던 사람들이 이사를 와서 새로운 수요가 될 수도 있고, 갑자기 이 동네로 발령이 난 회사원들도 새로운 수요가 될 수 있죠. 그리고 인구의 규모 자체는 동일하더라도 재개발 이후의 마포나 홍대 일대 지역처럼 그곳을 찾는 사람들의 연령대가 갑자기 낮아져 새로운 인구가 유입되는 경우도 있고요. 이렇게 새로운 인구의 유입이 중요한 이유는 바로 '고정 수요' 때문이에요.

예컨대, 특정 지역이나 어떤 가게가 요즘 뜨고 있다고 가정을 해볼까요. 주말이나 저녁 시간대에는 사람들로 북적일지 몰라도, 힙한 사람들, 소위 '힙스터'라 불리는 이들이 하루 종일 그곳을 찾지는 않을 겁니다. 그럼 그렇게 힙스터들이 몰려오는 시간대를 제외하면, 가게는 누구한테 무엇을 팔아야 할까요. 이럴 때 업무 시설이나 주거 시설이라는 고정 수요가 바탕이 되면 기본적인 수요가 갖춰지기 때문에 상권 유지가 가능해집니다. 그렇다면 새로운 공간은 어떤 동력으로 만들어질까요. 처음에는 어떤 한두 사람의 시도로 시작되는 것 같아요. 최근 몇 년 동안에는 부정적인 사례로 언급되기는 했지만, 경리단길 주변에 한때 '장진우 거리'라고 이름 붙여졌던 지역도 특정 팀이 짧은 기간 내에 계속해서 공간들을 오픈하면서 형성한 상권이죠. 을지로 지역에서는 바bar이자 문화공간인 '신도시'가 그런 새로운 시도였고요. 그런데 이들을 하나의 특징으로 묶어서 얘기하기는 어렵겠더라고요. 어떤 사람은 F&B 외식 사업가인 경우도 있고, 폭넓은 범위의 예술 신scene에서 일하는 사람들이 우리끼리 놀 만한 곳이 없을까 고민하다가 장소를 만든 경우도 있고요. 결국 1) 새로운 시도를 하고, 2) 그 새로운 시도를 이해하고 사용해주는 사람들이 있고, 3) 고정 수요가 받쳐지면 상권이 흥하는 단계로 가지 않나 싶습니다.

접근성이나 입지 조건이 좋다는 그런 물리적인 요건들에
더해서, 새로운 인구가 해당 지역에 유입이 되는지도
정말 중요한 조건이라고 생각합니다.

핫플에 맛집이 빠질 수 없는 이유

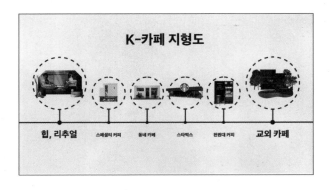

요즘에는 카페 등 F&B 없이 공간 비즈니스를 시작한다는 것 자체가 성립이 안 되는 것 같습니다. 그 공간의 분위기나 특징을 가장 직접적으로 경험할 수 있는 요소가 되기 때문이죠. 아무리 어떤 공간을 애를 써서 잘 만들어둔다고 해도, 사람들이 그곳을 적극적으로 체험해 보려는 노력 없이 지나친다면 소용이 없잖아요. 그런데 그 공간 한쪽에 카페를 열었다고 가정해봅시다. 원래라면 그냥 지나치면서 5분 볼 것을, 카페가 있으니 이젠 앉아서 1시간을 보게 될 수도 있죠. 그래서 공간 비즈니스에 있어서 카페나 F&B를 내세우는 경우가 당연하게 받아들여지고 있는 것 같아요.

그리고 여담이지만, 카페 비즈니스의 한끝에 힙스터들이 주로 찾을 것 같은 카페가 있다고 한다면, 그 반대편에는 교외의 대형 카페가 자리한다고 생각해요. 개인적으로 고양, 파주의 특산물이 대형 카페라고 농담 반을 섞어 말하곤 하는데요. 힙하고 트렌디한 것에 질려서 좀 거리를 두고 싶어질 때, 교외의 대형 카페를 찾아 편히 쉴 수 있는 거죠.

스마트폰이 바꿔놓은 상권

그런데 요즘은 '접근성'이 뜨는 상권의 가장 큰 조건이 아닌 경우도 있는 것 같아요. 새롭게 뜬다는 공간을 찾아가보면, 어떻게 이런 곳에 있는지 의아할 정도로 외진 곳에 자리한 경우도 꽤 있습니다. 전통적으로 장사가 잘된다고 하는 입지 조건이 아니더라도, 공간만의 매력으로 승부를 보려는 시도이죠. 이제는 사람들이 인스타그램이나 네이버 지도 같은 애플리케이션으로 위치를 사전에 확인하고 그곳을 찾는 경우가 많기 때문에 가능한 일입니다. 약속 장소를 정할 때도 네이버 지도나 카카오맵 애플리케이션 위치 링크를 서로 공유하곤 하잖아요. 그러니 뒷골목 언저리에 있는 카페나 파이집, 베이글 가게라도 사람들이 줄을 길게 서게 되는 거죠.

여전히 부동산 가치 측면에서 건물의 1층이 높이 평가되곤 하지만, 어떤 곳을 우연히 방문하는 사람보다 일부러 그곳을 찾아가는 사람들의 수가 많아진다면 상권 선호도나 상권 내에서 입지 선호도가 언젠가 바뀔 수도 있습니다. 스마트폰이 상권을 바꿔놓는 거죠. 대로

변에 접해 노출이 많이 되는 입지보다 이면 도로 근처라도 식물로 둘러싸인 곳을 선호하게 될 수도 있고요. 또 코로나19 이후 배달 이용이 폭발적으로 늘어나면서, 배달 위주로 운영하는 가게들은 입지에 크게 구애받지 않는 경우도 많아졌습니다. 예전에는 식사하는 테이블을 둔 매장에서 배달을 함께했다면, 코로나19 이후에는 매장에 테이블 없이 배달을 전문적으로 하는 곳이 생겨났죠. 그래서 1층이 아닌 2층에서 매장을 운영하는 것도 가능해졌습니다. 예를 들면, 살고 있는 동네에 '배떡'이 정확히 어디에 있는지 아는 사람들이 많을까요? 이런 배달 전문 매장의 등장으로 오히려 상권의 집중도가 약화된 부분도 있는 것 같아요. 스트리트 상권의 얼굴 격인 1층 공실을 불러온 요인으로 작용하기도 하고요.

어떤 곳을 우연히 방문하는 사람보다 일부러 그곳을
찾아가는 사람들의 수가 많아진다면 상권 선호도나
상권 내에서 입지 선호도가 언젠가 바뀔 수도 있습니다.
스마트폰이 상권을 바꿔놓는 거죠.

성수동이 뜨는 이유

요즘 "서울에서 어디가 제일 잘 나가?"라고 물으면, 열에 아홉은 '성수동'을 언급할 겁니다. 누구나 성수동을 쉽게 떠올리는 이유가 새로운 공간이 계속해서 생겨남으로써 새로운 수요를 만들고 있기도 하지만, 고정 수요도 함께 늘고 있기 때문이라고 생각해요. 왜 특별히 성수동 일대에 고정 수요가 늘고 있는 걸까요. 성수동 일대는 대부분 준공업 지역으로 분류되어 있는데, 준공업 지역은 특성상 용적률ㆍ 400퍼센트까지 개발할 수가 있습니다. 특히 성수동의 경우 오래된 창고나 공장, 자동차 정비소 건물이 많아 개발의 여지가 큰 편이고요. 현재의 건축물을 그대로 두고 용도만 바꿀 수도 있고, 원래 있는 건물을 헐고 개발하면 더 큰 가치를 창출할 가능성도 높은 편이라 새로운 공간을 만들고자 하는 사람들이 모여드는 거죠.

용적률 400%
준공업지역

이태원

성수

성수동 일대는 대부분 준공업 지역으로 분류되어 있는데, 준공업 지역은 특성상 용적률 400퍼센트까지 개발할 수가 있습니다. 특히 성수동의 경우 오래된 창고나 공장, 자동차 정비소 건물이 많아 개발의 여지가 큰 편이고요.

게다가 성수동의 경우엔 개별 필지[2] 하나가 일정 규모 이상인 경우가 많습니다. 하나의 필지만으로 개발해도 규모 있는 공간을 만들어낼 수 있는 것이죠. 예를 들어 개발을 해보고자 점찍어둔 지역의 필지가 10곳이라면, 땅 주인 10명을 설득해서 개발을 해야 하잖아요. 심지어 주택으로 이루어진 도심지 시가지라면, 필지 하나에 땅 주인이 여럿으로 나뉘어 있을 수도 있습니다. 이에 비해 성수동은 필지 하나의 크기도 큰 편이고, 몇 개의 필지를 합친다고 하더라도 보통은 개인이 소유한 개별 필지가 아니라 법인이 소유한 경우가 많아 개발에 좀 더 용이합니다. 요즘엔 이런 필지들을 합쳐 지식산업센터 같은 사무실 빌딩이 들어서고 있는데, 앞서 말했듯 새로운 직장인 인구가 늘면 자연스레 고정 수요가 형성되니 상권의 규모도 안정적으로 유지될 수 있죠.

---

[1] 대지 면적에 대한 건물 연면적(延面積)의 비율. 건축물에 의한 토지의 이용도를 보여주는 기준이 된다.

[2] 토지에 대한 소유권이나 건물이 세워진 터를 기준으로 구획되는 토지의 등록 단위.

다음 핫플레이스는 어디일까

다들 그럼 성수동 다음의 핫플레이스는 어디일지 궁금해 하는데요. 우선 요즘 각광 받는 상권들을 살펴봤더니 예컨대 송리단길이 있더라고요. 그 이유를 생각해보니 2017년 제2롯데월드라는 엄청난 규모의 복합상업시설이 개장을 했는데, 그곳에서 모든 상권의 수요가 채워지는 것은 아니란 말이죠. 구조적인 이유로 복합시설에 들어가지 못하는 업종이 있을 수도 있고요. 그렇기에 제2롯데월드를 들렀다가 그 주변을 한번 둘러보는 인구의 수요를 노린 상권이 형성된 것 같더라고요. 그 밖에 또 어느 곳이 대규모로 개발되고 있는지 살펴봤더니, 테헤란로 양 끝 쪽에 큰 규모의 개발이 진행되고 있거든요. 그 한쪽 끝은 서리풀 터널이 있는 서초역 부근인데 그곳에 정보사 부지라고 해서, 군부대 부지가 이전하고 나서 이전 적지를 개발하는 사업이 추진되고 있고요. 또 반대쪽 끝에는 삼성동의 현대자동차 GBC 부지가 개발 예정에 있기 때문에, 그 부지가 가져올 변화도 기대가 됩니다.

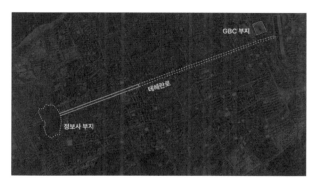

이렇게 큰 규모의 개발과 연계해서 전망을 해보는 이유가 아모레퍼시픽 사옥이 용산에 변화를 가져온 사례 때문이에요. 하나의 개발 프로젝트가 주변의 상권에 영향을 미치는 것이죠. 아모레퍼시픽 사옥이 세워지고 나서 그 주변으로 뒷골목에 인기 있는 가게들이 여럿 생겼고, 이제는 용산에서 삼각지로 이어지는 구간이 핫플레이스로 주목받고 있으니까요.

젠트리피케이션이라는 필연

젠트리피케이션의 본래의 의미를 떠나서 현재 우리가 사용하고 있는 방식으로 그 의미를 풀어보면, 기존의 주거지 혹은 상업지로 이용되고 있던 곳에 자본이 침투하면서 환경이 개선되는 어떤 긍정적 효과를 낳는데, 그것이 긍정적 효과에서 그치지 않고 기존에 그곳에 거주하고 있거나 영업하고 있던 사람들이 쫓기는 현상 전체를 포함합니다.

요즘에는 그중에서도 기존에 그곳에 머무르고 있던 사람들이 떠날 수밖에 없는 현상에 더 집중해서 이야기하고 있는 것 같기도 하고요. 그런데 상권이라는 것이 번성했다가 없어지는 과정을 살펴보면 젠트리피케이션 자체를 피하기란 현실적으로 어렵다고 생각합니다. 어디든지 새로운 기회가 엿보이면 자본이 들어가 기회를 살리고자 하는 시도가 자연스레 발생하니까요.

다만 그렇다고 그 현상을 내버려둬야 한다고는 생각하지는 않아요. 왜냐면 젠트리피케이션으로 만들어지는 결과물이 우리 사회에 도움이 되는 것인가를 생각해보면 꼭 그렇지는 않더라고요. 물론 기존에 없던 물리적인 자산이 생기는 것만으로도 그 목적을 달성했다고 볼 수도 있겠지만, 상업지로 한정해 생각해보면 단순히 어떤 지역에 새로운 업종의 상점이 생겼다고 해서 그곳의 거주민들에게 유익하기만 한 건 아니니까요. 오히려 주민들은 단골 카페가 사라져서 불편해질 수도 있고, 도로 등의 물리적 환경이 바뀌는 것은 아니기에 결국 몇몇의 건물주에게만 유익한 일로 그칠 수 있어요.

물론 무허가 건물들이 난립해 있는 어떤 입지가 새롭게 개발되었다면, 그 개발의 내용이 좋은지 나쁜지는 차치하고, 일단 물리적 환경은 개선됐다고 얘기할 수도 있겠죠. 그런데 상업 지역에서 일어나는 젠트리피케이션은 달라요. 성수동만 떠올려봐도 새로운 가게들이 생겨서 참 좋을 수는 있어요. 좋은 음악들이 흘러나오고 색다르고 맛있는 음식도 많이 팔고요. 그런데 보행 환경은 골목에 차와 사람들이 섞여 다니고 여전히 엉망진창이에요. 우리나라는 물리적 기반 시설, 즉 환경 개선을 거의 안 하거든요. 10년, 20년을 살아도 우리 집 앞에 길이 절대 안 넓어지잖아요.

그럼 이 길은 언제 넓어질까요. 재개발을 해야 넓어지고 아니면 옆 동네가 재개발을 해서 우리 길을 넓혀줘야 그 길이 넓어지죠. 기본적으로 기반 시설을 재정을 투입해서 확충해야 도시 환경이 좋아진다는 것을 아직까지 많이들 생각하고 있는 것 같진 않아요. 사실 이것을 민간에서 먼저 하기도 쉽지가 않지만요. 성동구 같은 경우 '젠트리피케이션 방지' 조례가 있는데요. 이렇게 제도적 기반을 만드는 것이 무척 중요한 것 같습니다. 한편으로는 물리적 환경을 개선하는 데도 힘을 좀 기울였으면 좋겠고요.

10년, 20년을 살아도 우리 집 앞에 길이
절대 안 넓어지잖아요. 그럼 이 길은 언제 넓어질까요.
재개발을 해야 넓어지고 아니면 옆 동네가 재개발을 해서
우리 길을 넓혀줘야 그 길이 넓어지죠.

HOT PLACE
핫플레이스

CHEESE
CHEESE

CHEESE
CHEESE

CHEESE
CHEESE

CHEESE

CHEESE

CHEESE
CHEESE

미스
개치즈

CHEESE
CHEESE

(EP 3.)

CHEESE
CHEESE

당신이 모차렐라 치즈밖에 모르는 이유

CHEESE

한국에서 구할 수 있는

치즈는 왜 아직 많지 않을까?

 조장현   치즈플로의 오너셰프이자 치즈, 살라미 메이커. 런던 르코르동블루
에서 공부했고 뉴질랜드 치즈스쿨에서 치즈 마스터 과정을 거쳤다.
2005년 키친플로 오너셰프를 시작으로 현재는 치즈플로를 운영하
며 치즈를 만들고 요리한다.

미식의 영역에
들어온 치즈

미스
J한제빵소

여러분은 어떤 치즈를 좋아하세요? 체더치즈? 모차렐라? 아마 예측 가능한 몇 가지 치즈를 골라서 대답하겠죠. 반대로 유럽 사람들에게 어떤 치즈를 좋아하냐고 물어보면 뭐라고 대답할까요. 아마 난생처음 들어보는 치즈의 이름을 읊을지도 모릅니다. 저는 외국인, 특히 서양 사람들에게 치즈가 우리나라 사람들에게 김치 같은 게 아닌가 싶어요. 외국인에게 '김치'라고 하면 보통은 배추김치만 떠올리겠지만, 우리나라 사람들에게 어떤 김치를 좋아하냐고 물으면 배추김치, 깍두기, 파김치 등 여러 종류의 답이 나올 테니까요.

그래도 최근 우리나라에서도 여러 종류의 치즈를 찾는 사람들이 늘어나고 있어요. 가장 큰 이유는 바로 와인의 인기 때문이죠. 와인 하면 떠오르는 대표적인 술안주가 치즈인데요. 실제로 포털 사이트 검색량 조회 트렌드를 살펴보면, 와인과 치즈는 같이 묶여서 움직인다고 해요. 이제 치즈도 우리나라에서 와인과 함께 미식의 영역으로 들어오고 있는 것입니다.

우리나라 치즈의 역사

그런데 세상에는 1,832가지의 다양한 치즈가 있다는데, 우리가 한국에서 구할 수 있는 치즈는 왜 그 수가 아직 많지 않을까요. 그 이유를 알아보기 위해 우선 국산 치즈의 역사를 들여다볼게요. 치즈는 지구상에서 가장 오래된 음식 중 하나입니다. 8천 년 전에도 치즈를 먹었다는 기록이 있다고 해요. 그렇지만 우리나라 사람들이 치즈를 먹기 시작한 건 불과 100년도 안 됐죠.

한반도에 치즈가 처음 들어온 건 6·25 전쟁 직후라고 하는데요. 미군 쪽에서 가져와서 PX를 통해 전파됐다고 해요. 이때 미군이 가져온 치즈가 바로 체더치즈로 만든 가공 치즈예요. 참고로 이 슬라이스 형태의 치즈는 아메리칸 치즈라고 불릴 정도로 미국을 대표하는 치즈입니다.

그럼 우리나라를 대표하는 치즈는 뭘까요. '임실치즈'라고 많이들 들어보셨을 겁니다. 지금에야 국산 치즈의 대명사가 됐지만 처음부터 인기를 끈 건 아니었다고 해요. 일단 치즈의 독특한 향이 사람들에게 생소했기 때문이기도 했고, 원유를 압착해서 만들었기 때문에 영양

상으로도 가성비가 떨어져서 개발도상국이었던 동아시아에서는 외면받았다는 해석도 있습니다. 우유도 귀한데 왜 조그만 치즈로 만들어서 먹느냐는 거죠. 배도 안 부르게 말이에요.

그래서 임실치즈는 외국인들이 많이 다니는 고급 호텔 위주로 먼저 전파됐는데요. 1988년 서울 올림픽이 터닝포인트가 되었습니다. 당시 해외여행이 자유화되면서 치즈를 접하게 된 사람의 수도 늘어났고, 그때 압구정동에 맥도날드 1호점이 문을 열었거든요. 치즈버거 같은 음식이 더욱 대중화되면서 한국인 입맛에 치즈가 스며들기 시작합니다.

이윽고 해태, 매일유업 같은 큰 회사들도 치즈 사업에 뛰어들기 시작합니다. 가공 치즈 위주로 생산을 시작했어요. 일단 가공 치즈가 한국인 입맛에 잘 맞기도 하고, 만드는 것도 훨씬 쉽습니다. 자연 치즈는 종류가 다양할뿐더러 숙성시키는 데 손이 많이 가거든요. 맛을 유지하는 데에도 상당한 노하우가 필요하고요. 그래서 자본이 있다고 아무나 만들 수는 없었습니다. 그러다 보니 자연 치즈는 수입해오고 국내에서는 비교적 만들기 쉬운 가공 치즈를 생산한 거예요. 그러면 앞으로도 우리나라는 가공 치즈 위주로만 생산하게 될까요. 전문가들의 이야기를 들어보니 그럴 것 같대요.

한반도에 치즈가 처음 들어온 건 6·25 전쟁 직후라고 하는데요.
미군 쪽에서 가져와서 PX를 통해 전파됐다고 해요.

와인이랑 비슷한 것 같아요. 항상 일정한 품질의 치즈를 만들어 낸다는 게 굉장히 어렵거든요. 사계절 내내 우유의 성분이 달라 져요. 지방과 단백질의 함량 이런 것들이 달라지는 거죠. 그러니 레시피가 있다고 해도 백날 똑같이 해봐야 안 돼요. 같은 레시피라도 다른 결과가 나오는 경우도 많고요. 그래서 어려운 거예요.

국산 치즈 가격의 비밀

우리나라에도 다양한 치즈를 찾는 인구가 늘어나고 있는데 왜 그런 전망을 내놓는 걸까요. 바로 단가 때문입니다. 치즈 생산은 당연히 원유가 핵심입니다. 보통 치즈 1킬로그램을 만드는 데 11킬로그램의 원유가 필요해요. 그런데 우리나라는 원유 가격이 다른 나라에 비해 2~3배 비쌉니다. 우리나라 우유가 비싸다는 건 많이들 체감하시는 사실일 거예요. 유통 마진을 그 주범으로 지목하는데, 저는 살짝 다른 이야기를 해볼게요.

우리나라는 원유 가격을 '생산비 연동제'라는 제도로 결정합니다. 정부에서 값을 매길 때 원유를 생산할 때 드는 사료비, 인건비를 다 따져서 책정하는 거죠. 그런데 우리나라에서의 젖소 사육은 다른 나라보다 비용이 훨씬 많이 들어가는 편입니다. 유럽이나 뉴질랜드에서는 젖소를 목초지에 방목해 키우지만, 우리나라는 축사에서 사료를 먹이면서 키우거든요. 우리나라에는 넓은 목초지가 없기도 하고, 여름과 겨울 간 기온 차가 너무 크기 때문에 축사를 이용하는 수밖에 없어요.

그리고 소의 품종에도 차이가 있습니다. 우리나라 젖소 농가에서는 보통 얼룩소로 잘 알려진 홀스타인 종을 사육하고 있습니다. 추위에 강하거든요. 그런데 이 종은 다른 종에 비해서 원유에 유지방 함량이 적은 편입니다. 그래서 낙농가에서는 유지방을 높이려고 사료를 더 많이 먹이고 있어요. 그러다 보니 사료비가 많이 드는데, 그 가격이 그대로 원유 가격에 반영되는 거죠.

보통 치즈 1킬로그램을 만드는 데 11킬로그램의 원유가
필요해요. 그런데 우리나라는 원유 가격이 다른 나라에
비해 2~3배 비쌉니다.

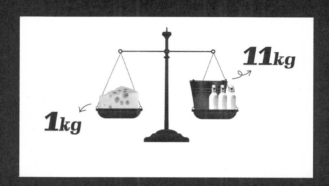

1L
1083원

1L
491원

한국   미국

CHEESE
치즈

국내 치즈 산업의 딜레마

이렇게 원유 가격 자체가 원래 비싸다 보니, 무얼 한다고 해도 사실 쉽지 않은 상황입니다. 특히 치즈를 만들면 단가가 너무 비싸져요. 그래서 농림축산식품부에서도 어떻게든 원유 가격을 낮춰보려고 노력하고는 있습니다. 고민 끝에 '용도별 차등 가격제'라는 걸 도입하기로 했는데요. 마시는 우유를 만드는 데 사용하는 원유 가격은 기존 가격을 유지하되, 치즈나 아이스크림 등을 만드는 데 사용하는 가공유 가격은 기존 가격보다 조금 더 저렴하게 판매하도록 하는 제도예요. 그런데 이렇게 가격이 낮아지면 낙농가들이 당연히 손해를 볼 수밖에 없잖아요.

그래서 정부에서는 그에 대한 해결책으로 원유 구입량을 늘리겠다는 대안을 제시했다고 하는데, 낙농가 입장에서는 그게 해답이 아니라고 생각하는 것 같습니다. 더 많은 양의 원유를 생산하려면 어쨌거나 생산 비용은 더 늘어나게 될 텐데, 원유 가격을 보장받지 못한다면 사실상 업을 유지하기 힘든 상황인 거죠. 사실 명확한 답을 내리기 어려운 문제이긴 합니다. 가장 큰 문제는 미국이나 다른 낙농업 강국에 비해서 솔직히 우리나라는 낙농업을 하기에 자연환경이 너무 불리하다는 거예요. 시장에 모두 맡기기에는 가격 경쟁력이 너무 떨어지는데, 식량 안보 때문에 산업을 아예 보호하지 않을 순 없고 딜레마인 거죠.

그래서 이런 상황에 제가 주목하고 싶은 건, 이렇게 열악한 환경에서도 어떻게든 국산 원유로 더 다양한 치즈를 만들기 위해 노력하는 분들이에요. 그중 '치즈플로' cheese flo라는 서울 한복판에 위치한 치즈 전문 공방을 소개하고 싶습니다. (광고 절대 아니에요!) 공장에서 대량 생산하는 방식이 아니라, 소량이지만 장인의 손으로 생산하는 제품을 '아르티장 푸드'Artisan food라고 하는데요. 치즈플로는 생치즈부터 숙성 치즈까지 다양한 치즈를 만들어 파는 아르티장 레스토랑입니다. 조장현 셰프가 다양한 재료를 배합해 색다른 맛의 치즈를 직접 만들어내고 있죠. 보관실에서는 직접 숙성 중인 치즈를 볼 수 있습니다.

아르티장 치즈라는 새로운 도전

처음부터 아르티장 치즈에 관심이 있었던 것은 아니에요. 20년 전만 해도 회사원으로 살고 있었는데요. IMF 시대를 겪으며 회사에서 언제든 잘릴 수 있다는 생각이 들자, 앞으로는 제가 하고 싶은 일을 찾아서 해봐야겠다는 생각이 들었어요. 그렇게 영국 르코르동블루에 유학을 갔다가 돌아와서 처음에는 서래마을에서 '키친 플로'라는 레스토랑을 운영했죠. 2005년에 오픈을 했는데 2007년까지는 굉장히 잘됐어요. 경험 없이 처음 시작한 것 치고는 운이 좋은 편이었죠.

그런데 2008년, 리먼 브라더스 사태로 세계 경제 위기가 있기도 했고, 그 시기에 서래마을 상권에도 변화가 생겼어요. 이자카야 붐이 일었고, 파리크라상 등이 문을 열면서 브런치를 판매하는 카페도 생겼죠. 그러다 보니 레스토랑의 런치 손님들은 브런치 카페에 뺏기고, 디너 손님들은 이자카야에 뺏기게 됐어요. 나는 한군데서 변함없이 열심히 하고 있지만 세상의 흐름이나 변화, 트렌드에 따라서 내가 원하지 않는 방향으로 휩쓸려가고 있다는 느낌을 받았죠.

그때 든 생각이 겉에 포장을 다 벗기고 안에 남는 본질, 베이스일수록 오래가고 변하지 않겠다는 것이었어요. 셰프로서 그런 부분이 무엇일까 생각해봤는데, 치즈라든지 살라미 같은 샤퀴테리 Charcuterie' 라든지 하는 것들은 인류가 수천 년 동안 먹어온 음식이기 때문에 앞으로도 수백 년을 갈 거라는 확신이 들었어요. 그래서 본격적으로 치즈를 배워보기로 했죠.

치즈를 만들 때 왜 국산 원유를 고집하느냐는 질문을 받을 때도 있는데요. 솔직히 말씀드리면 국내에서 수입되는 원유를 살 수 있는 루트가 없어요. 대기업에서 만드는 가공 치즈 같은 경우엔 해외에서 원유를 수입해서 만드는지는 잘 모르겠지만요. 국산 원유를 사용해 치즈를 만들 때 목장에서 가져다 써야 하는 이유가, 시중에 판매되는 우유로는 치즈를 만들 수 없기 때문이에요. 시중 우유는 100도 이상의 고온 살균을 거치는데, 고온 살균을 하게 되면 단백질이나 지방에 변성이 오기 때문에 치즈가 안 만들어지거든요. 목장에서 착유한 상태에서 저온 살균까지 한 우유를 구해야 치즈를 만들 수 있는데, 그런 우유를 구하기가 굉장히 어렵죠. 저한테 사실 선택권이 별로 없습니다.

아직 한국 치즈 시장은 초보 단계에 머물러 있습니다. 유럽은 당연하고 심지어 일본만 해도 유제품에서 요거트 시장은 굉장히 작은 반면 치즈 시장이 거의 대부분을 차지해요. 그리고 그 치즈 시장에서 자연 치즈가 차지하는 비율이 거의 70퍼센트가 되고요. 그런데 우리나라는 그 반대로 가공 치즈 비율이 약 90퍼센트로 치즈 생산량의 거의 대부분을 차지하죠. 이런 상황을 아쉬워할 수도 있지만, 그만큼 시장에 앞으로 더 많은 기회와 가능성이 있다고도 볼 수 있을 겁니다.

저한테 치즈를 배우고 싶다는 사람들로부터 요즘 연락이 많이 옵니다. 그런데 일단 우유를 구하기가 쉽지 않습니다. 제도적으로 이러한 부분들이 좀 완화된다면, 예컨대 치즈를 만드는 데 사용하는 우유는 원가를 좀 낮춰준다든지, 꼭 목장주가 아니더라도 치즈를 만들 수 있게끔 우유가 유통이 된다고 하면, 많은 젊은이들이 도전할 수 있을 것 같아요. 그럼 다양하고 질 좋은 치즈가 많이 나올 수 있겠죠.

---

[1] 염장·훈연·건조 등 다양한 조리 과정을 통해 만들어진 하몽, 살라미, 프로슈토, 잠봉 등의 육가공품을 이르는 말로, 최근에는 생선이나 갑각류 해산물의 살을 사용하기도 한다. 또한 육가공 식품을 판매하는 매장이나 이와 관련된 생산, 판매, 유통업계를 지칭하기도 한다.

겉에 포장을 다 벗기고 안에 남는 본질, 베이스일수록
오래가고 변하지 않겠더라고요. 셰프로서 그런 부분이
무엇일까 생각해봤는데, 치즈라든지 살라미 같은
샤퀴테리라든지 하는 것들은 인류가 수천 년 동안
먹어온 음식이기 때문에 앞으로도 수백 년을 갈 거라는
확신이 들었어요.

CHEESE
치즈

공격수셰프표 자연 치즈 플래터

와인바에 가면 안주로 가볍게 치즈 플래터를 주문하는 경우도 많은데요. 말하자면 다양한 치즈를 한번에 먹을 수 있도록 플레이팅해 놓은 접시입니다. 어디 한번 제가 준비한 플래터를 보면서 치즈의 종류를 좀 더 알아볼까요.

생치즈

생치즈는 누구나 가볍게 먹기 좋은 말랑말랑한 식감을 갖고 있는데요. 발효시키거나 숙성시키지 않고 갓 만들어진 상태 그대로 먹는 치즈예요. 그래서 치즈 중에 가장 부드럽고, 군내가 전혀 안 나는 타입이죠. 대신 수분 함량이 높은 편이라 변질이 쉽고 유통기한도 매우 짧습니다. 차갑게 해서 빨리 먹는 것이 좋아요. 생치즈 중에 가장 유명한 건 생모차렐라예요. 주로 카프레제에 넣어 먹습니다. 그 밖에 샐러드에 많이 넣어 먹는 리코타 치즈도 생치즈이고요.

곰팡이 치즈

곰팡이 치즈는 흰곰팡이와 푸른곰팡이 치즈로 나눌 수 있습니다. 카망베르나 브리 치즈가 흰곰팡이 치즈에 속하고, 고르곤졸라 치즈가 푸른곰팡이 치즈에 속합니다. 원유나 우유를 응고시킨 덩어리, 즉 커드를 만든 뒤 곰팡이균을 넣어 숙성시키기 때문에 맛과 향이 독특합니다. 종류마다 다르지만, 버섯향, 견과류향, 과일향이 나는 치즈도 있어요. 특히 고르곤졸라 같은 푸른곰팡이 치즈는 원유에 곰팡이균을 넣은 채로 두 달 이상 숙성시키기 때문에 톡 쏘는 쿰쿰한 향이 굉장히 강한 편입니다. 그래서 우리나라 레스토랑에서는 고르곤졸라 치즈를 이용해 피자를 구우면 맛과 향을 중화시키기 위해 꿀과 함께 내놓곤 하죠.

압착 치즈

압착 치즈는 커드를 섞는 과정에서 열을 가하는 여부에 따라 가열과 비가열로 나뉩니다. 비가열 압착 치즈가 가열 압착 치즈보다 훨씬 부드러워요. 체더치즈가 비가열 압착 치즈에 속하는데요. 커드에 열을 가하지 않고 압착해서 만드는 것이라 수분 함유량이 높고 질감이 부드럽습니다. 우리에게 익숙한 치즈 맛은 대부분 이 비가열 압착 치즈 맛이에요.

반대로 커드에 열을 가하면서 압착하는 치즈를 가열 압착 치즈라고 합니다. 피자에 뿌려 먹는 파마산 치즈가 여기에 속해요. 흔히 '톰과 제리 치즈'라고 불리는 에멘탈 치즈도 가열 압착 치즈고요. 수분을 빼내서 압착시키기 때문에 더 단단하고 유통기한도 깁니다. 알프스 같은 산악 지방에서 겨울철 식량 확보를 위해 대량으로 만든 것이 유래이기 때문에, 에멘탈 치즈는 스위스의 상징처럼 여겨져요. '마운틴 치즈'라는 별명도 있습니다.

세척 치즈

세척 치즈는 말 그대로 소금물이나 와인 같은 술로 겉을 계속 닦아내며 숙성시켜 만듭니다. 그래서 어떤 재료로 외피를 관리했느냐에 따라 치즈의 풍미가 달라지죠. 여러 번 닦을수록 풍미가 강해지고 색도 진해지는데요. 냄새가 너무 강해서, 겉면은 잘라내고 먹는 편이 좋습니다. '치즈의 왕'이라고도 불리는 에푸아스 치즈가 이것에 속해요.

미식의 세계를 열어줄 다양한 치즈의 즐거움

제가 처음에 던지고 싶은 화두는 딱 이 한 가지였어요. 우리나라 사람들은 너무 모차렐라 치즈만 먹는다. 저 같은 셰프의 입장에서 미식을 이야기할 때 가장 중요하게 여기는 가치는 다양성이에요. 사회가 발전할수록 다양성이 중요하다고 말하잖아요. 음식도 마찬가지인 거죠. 어쩌면 쉽지 않은 환경과 경제적 맥락 때문에 그동안 우리가 다양한 치즈의 즐거움을 놓쳐온 게 아닐까 싶기도 해요.

언제부터인지 치즈가 한국인들에게도 김치만큼은 아니지만 꽤 친숙한 재료로 자리하게 된 것 같습니다. 치즈떡볶이, 치즈불닭, 치즈김밥, 치즈피자, 치즈버거, 치즈케이크, 치즈라면, 콘치즈. 엽떡에 치즈 추가까지! 이쯤 되면 한국인의 새로운 소울 푸드라고도 할 수 있지 않을까요. 그래서 제가 제안드리고 싶은 방법은요. 우리가 가끔 떡볶이나 피자에 넣어 먹는 모차렐라나 체더 치즈를 살짝만 바꿔서, 브리나 카망베르로 대체해보시면 정말 즐거운 경험을 할 수 있을 것 같아요. 거기서 얻는 즐거움은 분명 그 몇 천 원 값을 할 겁니다.

저 같은 셰프의 입장에서는 미식을 이야기할 때
가장 중요한 가치는 다양성이에요.
사회가 발전할수록 다양성이 중요하다고 말하잖아요.
음식도 마찬가지인 거죠.

CHEESE
자연 치즈 맛있게 먹는 법

**자연 치즈를 어떻게 먹어야 할지 모르겠다는
사람을 위한 꿀레시피!**

1. 사워도우를 준비합니다.

2. 원하는 치즈를 빵에 얹습니다. 브리나 카망베르처럼 좀 더 순한 맛부터 도전해보는 게 좋을 텐데, 개인적으로는 에푸아스라는 치즈를 너무나 좋아합니다. 크리미한 부분을 버터처럼 빵 안쪽에 발라주세요.

3. 치즈를 바른 빵 위에 꿀이나 잼을 같이 올려 먹어보세요.

CHEESE
치즈

SPECIALTY
COFFEE

SPECIALTY
COFFEE

SPECIALTY
COFFEE

IALTY
EE

ALTY

SPECIALTY

SPECIALTY COFFEE

미시
그3에이크

SPECIALTY COFFEE

EP 4.

SPECIALTY COFFEE

스타벅스가 리저브를 시작한 이유

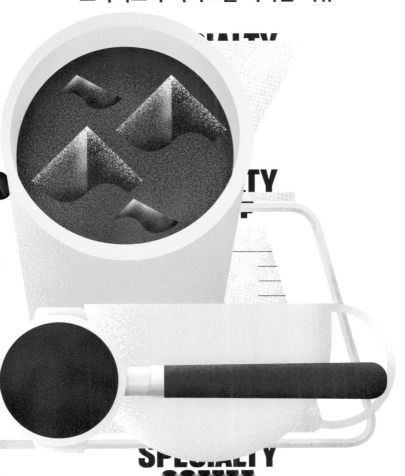

스타벅스는 왜 갑자기

변화를 결심했을까?

 안치훈   바리스타, 스페셜티 커피 전문가, 스페셜티 커피 브랜드 '언스페셜티'
대표. 유튜브 채널 〈안스타〉를 운영하고 있다.

커피 시장의
지각 변동

몇 년 전만 해도 스타벅스 리저브 매장은 드물게 랜드마크에만 위치해 있었어요. 그런데 이제는 전국 곳곳에서 찾아볼 수 있습니다. 지역 한정 특별 메뉴를 판매하기도 하고, 공간 인테리어에 차별점을 두는 매장도 있고요. 레스케이프호텔에 있는 스타벅스 리저브 매장은 누가 말해주지 않으면 스타벅스임을 알아차리지 못할 정도로 인테리어가 독특합니다. "리저브 매장은 한국이 최고다"라면서 미국 본사에서도 벤치마킹을 해갈 정도라고 하죠. 똑같은 커피 맛, 똑같은 인테리어, 똑같은 음악 등 전 세계 어느 매장을 가도 같은 경험을 할 수 있도록 30년 넘게 균일함을 추구하던 스타벅스는 왜 갑자기 이런 변화를 결심했을까요.

리저브라는 네이밍에 담긴 의미

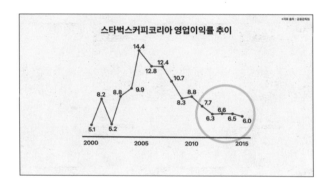

스타벅스커피코리아 영업이익률 추이

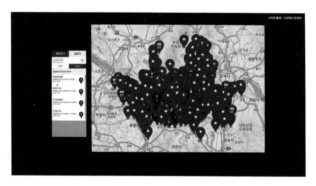

스타벅스가 국내에 들어온 때는 1999년입니다. 20년 동안 무섭게 성장하면서 커피 시장의 1인자가 되었지만 2010년대 들어서 영업 이익률이 정체돼요. 너무 큰 성공이 또 다른 고민을 낳은 겁니다. 전국에 이미 들어설 만한 곳들은 다 들어섰고, 스타벅스를 벤치마킹하는 브랜드도 많아져서 다음 단계를 고민할 때가 된 거죠. 그 해답을 찾은 게 바로 스타벅스 리저브였어요. 리저브Reserve는 '따로 남겨두다'라는 뜻을 가진 영어 단어인데요. 보통 리저브 와인이라고 하면 와이너리에서 따로 판매하는 고급 와인을 지칭합니다. 스타벅스의 CEO였던 하워드 슐츠Howard Schultz의 전략이 무엇인지 알 수 있는 네이밍이죠. 한마디로 고급화 전략입니다.

스타벅스 영업 이익은 2016년부터 다시 오르는데요. 회사는 이를 상당 부분 리저브 덕분이라고 말하고 있어요. 같은 매장도 리저브 매장으로 바꾸면서 1인당 객단가가 올랐단 거예요. 그런데 진짜 리저브 매장 때문에 스타벅스 이익이 좋아졌을까요? 기업 입장에서는 객단가가 올랐다고 하는데, 소비자 입장에서는 그 차이가 와 닿던가요? 왜냐하면 저는 정작 리저브 커피가 얼마나 다른지 모르고 마셨거든요.

보통 리저브 와인이라고 하면 와이너리에서 따로
판매하는 고급 와인을 지칭합니다. 스타벅스의 CEO
였던 하워드 슐츠의 전략이 무엇인지 알 수 있는
네이밍이죠. 한마디로 고급화 전략입니다.

RESERVE

SPECIALTY COFFEE
스페셜티 커피

스타벅스의 고민

일단 원두를 살펴볼까요. 보통 원두를 분류할 때 가장 먼저 살펴보는 게 색깔인데요. 스타벅스에서 사용하는 건 가장 까만 원두예요. 바로 스타벅스를 대표하는 원두, 에스프레소 로스트**Espresso Roast**입니다. 1975년 만들어진 스타벅스의 핵심 원두죠. 전 세계 모든 매장에서 사용됩니다.

원두는 얼마나 볶느냐에 따라 색깔과 맛이 달라지는데요. 밝은 원두**Light Roast**는 덜 볶은 원두라서 생두 본연의 과일향이 느껴지기도 합니다. 어두운 원두**Dark Roast**는 강하게 볶은 원두로, 커피 특유의 진하고 깊은 쓴맛이 느껴지고요. 그렇다면 스타벅스는 왜 강하게 볶은 원두를 골랐을까요. 결국엔 고도의 경영 전략입니다.

스타벅스에서 사용하는 건 가장 까만 원두예요.
바로 스타벅스를 대표하는 원두, 에스프레소 로스트입니다.

feat. 스타벅스는 대중적인 브랜드잖아요. 기본적인 커피 음료뿐만 아니라 생크림이나 우유, 설탕, 시럽소스 같은 것을 첨가한 달달한 커피 음료도 다양하게 판매하는 편인데, 이런 강력한 단맛을 가진 부재료들 사이에서 커피가 살아남으려면, 커피의 맛이 굉장히 진해야 하거든요. 밝은 원두를 사용해서는 그 정도의 강한 커피 맛을 표현해내기가 제한적이고 어려워요. 그래서 스타벅스는 달달한 재료들 사이에서도 커피 맛을 살리기 위해 강하게 볶은 원두를 사용하는 전략을 선택한 거죠. 원두를 강하게 볶으면 볶을수록 다공질이라고 해서 구멍이 더 많이 뚫리게 되거든요. 그러면 물을 더 많이 머금을 수 있게 되어서, 동일한 환경에서 추출하더라도 커피의 맛이 강해집니다. 내가 커피를 마셨다는 느낌을 충분히 받을 수 있도록 좀 더 자극적인 음료가 된달까요.

바로 이러한 스타벅스의 전략 때문에 스타벅스 커피를 좋아하지 않는 분들도 계세요. 커피는 단맛만 있는 게 아닌데, 본질에서 너무 멀어졌다는 거죠. 그래서 스타벅스는 성공의 핵심이었던 진하고 쓴 에스프레소 커피를 살짝 옆으로 밀어놓고, 희귀한 원두를 사용한 리저브 커피를 선보인 것입니다. 이런 원두를 스페셜티 커피Specialty coffee라고 해요. 아마 요즘 많이 들어보셨을 겁니다.

1975년에 만들어진
스타벅스의 핵심 원두

생크림
우유
설탕
시럽소스

안치훈 — 생크림이나 우유, 설탕, 시럽소스 이런 것들이 필연적으로 첨가가 될 수밖에 없어요

스타벅스는 달달한 재료들 사이에서도
커피 맛을 살리기 위해 강하게 볶은 원두를
사용하는 전략을 선택한 거죠.

SPECIALTY COFFEE
스페셜티 커피

스페셜티 커피의 차별점

 스페셜티 커피는 농장 한 곳에서 소량 생산한 원두로, 원두 본연의 맛과 개성을 최상으로 끌어낸 커피를 말합니다. 원두를 재배하는 데 농부들의 노고가 많이 들어가기 때문에, 어떤 산지에서 어떤 농부가 재배했는지 그 정보를 고객에게 투명하게 알리려고 애쓰죠. 대량 생산된 커피는 스페셜티 커피가 아니라고 단정 지을 순 없겠지만, 확률적으로 소량 생산된 커피들이 스페셜티 커피일 확률이 높아요. 정말 질 좋은 스페셜티 커피, 잘 추출된 스페셜티 커피는 좋은 향이 나죠.

스타벅스에서 내세우는 리저브 원두의 차별점은 싱글 오리진인데요. 말 그대로 한 지역의 농장에서 자란 원두만 쓰는 겁니다. 원래 스타벅스는 여러 지역의 원두를 섞는 블렌딩 원두를 사용했어요. 수요를 감당하려면 한 국가의 밭 한 곳에서 생산되는 원두만 사용해서는 불가능했거든요. 그래서 굉장히 많은 국가로부터 여러 종류의 원두를 가지고 와야 했는데, 그 과정에서 맛의 일관성을 위해 원두를 아예 섞어서 사용하게 된 거예요.

이와 달리, 싱글 오리진 같은 경우에는 커피가 가진 각기 다른 특징을 고객에게 전달할 수 있어요. 커피의 맛을 좀 더 다양하게 표현하고자 스타벅스도 리저브에 한해서는 싱글 오리진 원두를 사용하게 된 겁니다. 즉, 스타벅스가 블렌딩 원두로 스타벅스의 커피 맛을 일정하게 지킨다면, 리저브는 싱글 오리진으로 지역의 맛을 소개하는 거예요.

그리고 추출 방식도 다섯 가지로 늘렸습니다. 고급 원두의 각기 다른 맛을 살리기 위해서죠. 거기에 새로운 요소를 더하는데요. 바로 바 테이블입니다. 그곳에 앉으면 바리스타가 다가와서 커피를 고르는 것을 도와줍니다. 스페셜티 커피 회사들이 중요시하는 게 고객과의 커뮤니케이션이거든요. 커피 한 잔의 가치를 전달하기 위해 단순히 커피 한 잔을 그냥 내놓는 게 아니라, 이 커피 한 잔을 내린 원두가 재배되기까지의 과정을 같이 소개해드려요. 스토리텔링이 핵심이죠. 리저브도 그런 노력을 많이 하는 것 같아요.

싱글 오리진 Single Origin
커피 맛을 다양하게 표현할 수 있음

스타벅스가 블렌딩 원두로 스타벅스의 커피 맛을
일정하게 지킨다면, 리저브는 싱글 오리진으로
지역의 맛을 소개하는 거예요.

스타벅스가 스페셜티 커피를 잘하기 어려운 이유

사실 저처럼 업장 한두 개를 운영하는 입장에서도 맛 뿐만 아니라 이것저것 신경을 쓰려면 평소에 품이 많이 듭니다. 그런데 스타벅스 리저브는 우리나라 전국에 매장이 80개가 넘잖아요. 전 세계에서 다양한 고급 원두를 수급해오는 게 대규모 프랜차이즈 입장에서는 굉장히 까다로운 일이죠. 이마트에서 저가 와인은 뭉텅이로 팔 수 있지만, 고급 와인은 조금씩밖에 못 파는 것과 같은 이치예요.

게다가 관리와 운영을 잘 해낸다고 하더라도 커피 '찐팬'들 입장에서는 스페셜티 커피를 제대로 하는 개인 카페를 가지, 왜 스타벅스를 가냐는 반응이 나오고 맙니다. 포지션이 아직 애매한 거죠. 스타벅스코리아는 매출 상승이 리저브 덕분이라고 치켜세우고는 있지만, 오히려 리저브를 밀어주기 위한 의도적인 멘트가 아닌가 싶기도 해요. 이런 현실적인 어려움에도 불구하고, 스타벅스가 스페셜티 커피에까지 관심을 두고 있는 이유는 뭘까요.

한국에서 소개하는 스타벅스 원두 대부분은 수입해오는 거예요. 왜냐하면 스타벅스의 공장이 해외에 있기 때문이죠. 그런데 커피 원두는 굉장히 민감하거든요. 신선 식품이기 때문에 어디에 보관 하느냐, 몇 도 온도로 보관하느냐, 그리고 로스팅된 지가 얼마나 지났는지에 따라 맛과 향이 많이 달라져요. 만약 한국에서 로스팅 하게 되면 그나마 변수들이 적기 때문에, 고객에게 가기까지 원두 품질을 떨어뜨리는 변수들을 통제할 수 있는데, 스타벅스는 해외 에서 로스팅한 원두를 수입해오는 경우라 관리가 비교적 힘들죠.

스타벅스도 피할 수 없는 새로운 물결

시장은 이미 저가 커피와 고급 커피 투 트랙으로 양분화되고 있습니다. 다른 말로 하자면, 차별화에 실패한 브랜드의 미래는 밝지 않다는 거죠. 이러한 전 세계적인 흐름을 두고 제3의 물결 The Third Wave 이라고 합니다.

커피 제1의 물결은 1940년대 인스턴트 커피에서 시작됐습니다. 제2의 물결은 1990년대 프랜차이즈 원두커피로 스타벅스가 제1의 물결을 집어삼키며 시작됐고요. 획일화된 검은 원두 커피의 시대로, 언제 어디를 가도 똑같은 맛을 기대할 수 있는 프랜차이즈 카페의 시대였죠. 그리고 2000년대부터 시작된 새로운 유행이 스페셜티 커피를 중심으로 한 제3의 물결입니다. 이 움직임은 소규모 커피 로스터리가 주도하고 있어요. 미국의 블루보틀, 한국의 프릳츠 커피와 커피 리브레가 대표적인 예입니다.

스타벅스가 리저브 매장을 운영하는 것도 이 흐름에 어떻게든 발을 디뎌보려는 시도입니다. 이 물결을 무시하면 살아남을 수 없다는 걸 스타벅스는 아는 거예요. 본인들이 제1의 물결을 삼켜봤으니까요. 사실 이런 위기

제1의 물결
**1940년대
인스턴트 커피**

제2의 물결
**1990년대
프랜차이즈 원두커피**

제3의 물결
**2000년대
스페셜티 커피**

의식은 스타벅스만 갖고 있는 것이 아닙니다. 할리스는 2014년부터 스페셜티 커피 매장인 '할리스 커피클럽'을 운영하고 있고요. 엔제리너스는 '엔제리너스 스페셜티', SPC는 '커피앳웍스'라는 프리미엄 매장을 운영하고 있어요.

 산업적인 측면에서 제가 감히 말씀을 드리자면, 브랜드 정체성이 확실한 브랜드만이 살아남을 수 있는 것 같아요. 이디야를 예로 살펴볼까요. 처음에 스타벅스를 필두로 미국식 카페 문화가 한국에 들어오기 시작할 때는 커피 가격이 굉장히 비쌌어요. 그렇게 무수한 고가의 브랜드들이 있을 때, 이디야는 저가 커피 브랜드의 아이덴티티를 가지고 사람들의 인식에 확고하게 자리 잡을 수 있었다고 생각하거든요. 그런데 이디야가 지금은 결코 저가 커피라고 할 수는 없잖아요. 그래서 포지션 자체가 그전보다는 조금 애매해진 것 같아요.

커피 소비자의 유형도 변화

 커피를 즐기는 소비자를 크게 세 부류로 나눠볼 수 있을 것 같습니다. 한 부류는 공간을 소비하러 가는 거죠. 그들에게 커피 한 잔의 퀄리티는 그다지 중요하지 않아요. 내가 누구와 만나고 어떤 공간에서 쉴 수 있고, 어떤 의자에 앉을 수 있고 어떤 환경에 있느냐가 그들이 커피를 소비하는 굉장히 큰 이유라고 할 수 있거든요. 그리고 두 번째 부류는 카페인, 즉 각성제를 찾는 거예요. 삶의 비타민 같은 활력제를 사러 가는 거죠. 출근길의 직장인분들 중 많은 경우가 이 부류에 속하죠.

세 번째 부류가 커피 한 잔의 퀄리티를 굉장히 신경 쓰는 사람들입니다. 커피의 맛과 향을 즐기고자 하는 사람들이기에, 커피 맛이 없는 카페에는 가지 않아요. 아무리 환경이 좋고 공간을 멋지게 꾸며두었다고 하더라도요. 오히려 그분들은 커피의 가치가 공간이나 휴식으로 인식되는 것에 저항하려는 것 같아요. 커피가 오롯이 한 잔의 가치로 인정되기를 원하는 거죠. 이렇게 맛있는 커피가 더 많은 사람들에게 알려지기를 바라는 거예요. 제가 생각할 때, 이 세 번째 부류에 속한 사람들이 점점 늘어나고 있는 것 같아요.

이전에는 이렇게 좋은 입지에 돈 많이 들여서 인테리어를 해가며 공간을 잘 꾸며두면 됐지, 커피 맛이 뭐가 중요하겠느냐고 그냥 대충 내리면 된다고 생각했던 거예요. 그런데 이제는 그렇게 생각하는 사람들이 점점 적어지고 있는 것이죠. 무엇보다 커피가 맛이 없으면 원두 매출이 늘지가 않아요. 결국 비즈니스 모델을 오프라인 공간으로 스스로 한정시키는 거죠. 요즘처럼 온라인 마켓이 커지고 있는 시점에서 커피의 본질 자체를 무시한다는 건, 비즈니스를 오프라인으로 한계 짓는다는 뜻인데 어느 기업이 그걸 원하겠어요.

무엇보다 커피가 맛이 없으면 원두 매출이
늘지가 않아요. 결국 비즈니스 모델을 오프라인 공간으로
스스로 한정시키는 거죠. 요즘처럼 온라인 마켓이
커지고 있는 시점에서 커피의 본질 자체를 무시한다는 건,
비즈니스를 오프라인으로 한계 짓는다는 뜻인데
어느 기업이 그걸 원하겠어요.

SPECIALTY COFFEE
스페셜티 커피

커피를 미식이라고 여겼던 슐츠의 브랜딩

특히 한국 커피 소비자들의 수준이 굉장히 높아졌습니다. 한국 바리스타의 수준도 마찬가지고요. 아마 스타벅스도 그런 흐름을 봤을 거예요. 세계에서 인구 수 대비 리저브 매장이 가장 많은 나라가 한국이에요. 그렇게 리저브를 공격적으로 런칭한다는 것은, 한국 소비자들의 수준이 정말 빠르게 높아지고 있다는 것의 반증인 것 같습니다. 커피 한 잔의 퀄리티를 중요시하는 소비자들이 그만큼 늘고 있기 때문에, 그런 소비자들이 떠나지 않게 하려는 의도도 있을 것 같고요. 즉, 운영이 까다롭더라도 브랜딩 관점에서 스타벅스가 리저브 매장을 운영하고 있다고 생각해요.

저는 스타벅스 같은 회사가 있었기 때문에 커피라는 음료가 많은 사람들에게 사랑을 받는 음료가 되었다고 생각해요. 커피의 대체재로 차를 많이 말씀하시잖아요. 차도 굉장히 뛰어난 선물과도 같은 음료거든요. 그런데 어쩌다 차가 커피에 밀린 걸까요. 저는 그 이유가 스타벅스 같은 기업이 차를 다루지 않았기 때문이라고 생각해요. 만약에 차 산업에도 스타벅스와 같이 차를 가지고 고객이 매력을 느낄 수 있을 만한 다양한 메뉴를 많이 개발하려고 노력하는 기업이 있었다면 차 산업이 크게 커질 수 있었을 거라고 생각해요.

스타벅스는 그래서 커피 산업에 정말 고마운 존재죠. 다만 아쉬운 점은 스타벅스라면 리저브를 조금 다르게 할 수 있지 않았을까 하는 거예요. 지금은 다른 스페셜티 커피 브랜드를 좇아가고 있다는 느낌이 들어서요.

SPECIALTY COFFEE
국내 스페셜티 커피의 강자들

커피리브레

홈페이지에 '커피에 미친 사람들'이라고 소개할 정도로,
16년이 넘는 오랜 시간 동안 세계 여러 곳의 산지를 방문해
커피 생두를 한국에 유통하고 국내에서 로스팅해 판매하는
등 한국 스페셜티 커피의 외연을 넓히는 데 큰 역할을 해온
브랜드입니다. 커피리브레의 서필훈 대표는 한국인 최초로
미국스페셜티커피협회(SCAA) 선정 큐그레이더 자격증을
획득하기도 했는데요. 연남동에 첫 매장을 낸 이후 마니아층
사이에 금방 입소문이 나서 2020년에는 상하이에 점포를 낼
정도로 성장했습니다.
coffeelibre.kr

모모스커피

부산에 위치한 스페셜티 커피 전문점입니다. 이현기 대표도
아프리카와 중앙아메리카 등 전 세계 커피 농장을 돌아다니며
직접 생두를 구매해 로스팅해왔어요. 처음엔 온천장 지역의
작은 테이크아웃 커피 전문점으로 시작해 입소문이 나면서
점포를 확장하게 됐고, 이제는 부산을 대표하는 커피 브랜드가
되었습니다. 모모스에 속한 전주연 바리스타는 한국 최초로
월드바리스타챔피언십(WBC)에서 우승하기도 했습니다.
momos.co.kr

테라로사

2002년, 강릉에서 시작한 커피 로스터리로 국내의 다른
유명 스페셜티 커피 브랜드와 마찬가지로 초기부터 고품질
커피 원두를 찾아 전 세계 커피 산지를 다니며 원두를
유통해왔습니다. 생산자와 직거래를 통해 산지의 이윤을
보호하고, 커피 생산국 아동들의 기초 교육을 지원하는
프로그램을 진행하는 등 산지 커피 농부들의 권익 보호를
위해서도 애쓰고 있다고 해요.
www.terarosa.com

프릳츠커피컴퍼니

2014년, 바이어 김병기, 로스터 김도현, 바리스타 박근하·
송성만, 커퍼 전경미, 제빵사 허민수까지 같은 철학을 가진
6명이 모여 카페를 창업한 것이 브랜드의 시작입니다. 당시
업계에서 어벤저스 6인방이 모였다고 해서 큰 주목을 받았죠.
이후 도화점, 원서점, 양재점 3개 지점으로 확장해 운영하다가
올해 여름에는 제주도에 네 번째 지점을 오픈했습니다.
fritz.co.kr

OMAKASE
OMAKASE

OMAKASE
OMAKASE

OMAKASE
OMAKASE

OMAKASE

OMAKASE
OMAKASE

OMAKASE
OMAKASE

미식
기행에롱

OMAKASE
OMAKASE

EP 5.

OMAKASE
OMAKASE

MZ세대를 사로잡은 오마카세

OMAKASE

EP 5.

오마카세 테이블 구조와

경제의 상관관계

 이해림   푸드 칼럼니스트. tvN 〈수요미식회〉에서 자문 위원으로 활동하기
도 했다.

오마카세의
대유행

최근 들어 약간 주춤해 보이기는 하지만, 외식 시장의 대세가 무엇이냐고 묻는다면 '오마카세'라고 답할 것입니다. 예약 경쟁이 치열해서 '스강신청'이라고 불리기도 하고, 유명 맛집의 경우에는 예약 오픈한 지 1초도 안 돼서 마감된다고 하죠. 1인 3만 원부터 50만 원까지 가격대도 다양한데, 가격대에 상관없이 예약하기가 쉽지 않습니다. 오마카세가 왜 이렇게 인기일까요. 인스타그램의 유행 때문이라는 의견도 있고, 최근 외식 시장의 트렌드인 고급화 전략에 걸맞기 때문이라는 얘기도 있습니다.

다 맞는 이야기인데요. 셰프 입장에서 제가 꼽는 숨은 인기 비결이 있습니다. 우선 오마카세의 뜻부터 살펴볼까요. 오마카세는 '맡긴다'라는 뜻의 일본어로, 셰프에게 메뉴를 맡긴다는 의미에서 나온 말이에요. 사실 호프집 메뉴판에서 찾아볼 수 있는 '오늘의 안주'도 따지고 보면 오마카세입니다. 사람들이 우스갯소리로 '이모카세'라고 부르더라고요. 오마카세가 우리나라에서 최근 인기를 얻게 된 이유, 그리고 과거 일본에서 인기가 있었던 이유는 모두 경제 상황과 관련이 있습니다.

일본에서 한국까지 오마카세의 역사

일본에서 오마카세의 대중화는 버블 경제와 함께 시작되었습니다. 원래 일본에서 장인의 스시는 까다로운 음식이었어요. 가격도 비싼 데다, 심지어 술도 같이 마시지 못했다고 해요. 스시 본연의 맛과 장인에 대한 존경을 표시하기 위함이었죠. 그러다 버블 시대가 되어 사람들의 지갑이 두툼해지면서, 일반 직장인들 중심으로 고급 스시를 찾는 사람들이 늘어나게 됐습니다. 그런데 막상 스시집에 가면 뭘 시켜야 할지 모르겠으니까 주방장한테 전적으로 맡기게 되었고 그렇게 오마카세가 생겨난 거예요. 손님 입장에서는 고민할 필요 없이 알아서 해주니까 좋고, 식당에서는 원하는 대로 식재료를 운용할 수 있으니까 좋았죠.

한국에는 미식 문화가 대개 그렇듯이 호텔 중심으로 일식당이 가장 먼저 생겼어요. 서울 신라호텔의 아리아께, 조선호텔의 스시조가 원류인데요. 각각 1979년, 1985년에 오픈했습니다. 그러다가 2003년, 아리아께가 일본 3대 스시집으로 꼽히는 도쿄 긴자의 기요다와 제휴하면서 한국에 오마카세를 상륙시킵니다. 이에 질세라 조선호텔은 긴자의 대표 스시집인 스시 큐베이에서 현지 셰프를 모셔왔고, 2008년부터는 마츠모토 셰프의 오마카세를 선보였습니다.

그러다 2010년대부터 아리아께와 스시조 출신의 셰프들이 신사동, 청담동 등지에 식당을 열면서 오마카세가 좀 더 널리 퍼지기 시작했죠. 그리고 2020년, 그 수요가 폭발적으로 늘어나게 됩니다.

오마카세가 흥하는 이유

오마카세는 굉장히 개인적인 식문화로 요즘의 시대적 흐름에 참 잘 맞죠. 옆 사람과 내가 받는 음식이 똑같고 양도 똑같은 데다, 내가 먹는 속도에 맞춰 음식이 나오니 공평하다는 생각이 드는 거예요. 좀 유치한 이야기일 수 있지만 다 같이 부대찌개를 먹을 때 맛있는 소시지 하나 더 먹고 싶어서 그릇에 따로 담아두고 그러잖아요. 오마카세는 그럴 필요가 없는 거죠. 그리고 이것도 먹어보고 싶고, 저것도 먹어보고 싶은데 조금씩 여러 개를 맛보여주니, 욕구가 충족되면서 정해진 비용 안에서 최대한의 만족감을 이끌어내주기도 하고요. 난 5만 원밖에 안 냈는데 인스타그램 한 게시물에 다 못 올릴 정도로 음식이 열 몇 개나 나온다니 그 경험에 대한 충족감이 클 수밖에 없어요.

그리고 SNS의 유행으로 사람들이 외식의 행위를 일종의 레저활동처럼 여기다 보니, 예전보다 다양한 국가의 음식을 전문으로 하는 식당들이 많이 생겼는데요. 그럴 때 오마카세 형태로 셰프가 아예 코스를 짜서 선보이는 경우도 많아요. 소비자 입장에서는 새로운 음식 장르에 도전을 하는데 무엇을 시켜야 할지 고민할 필요도 없고, 셰프는 식재료 낭비 없이 추천하고 싶은 음식으로 코스를 짜면 되니 좋죠.

예컨대, 요즘 우리나라에 꼬치집의 일종인 야키토리집이 많이 생기고 있는데요. 식당에 가면 꼭 오마카세 메뉴가 있어요. 각각 다른 맛을 지닌 닭의 여러 부위를 셰프의 추천으로 즐길 수 있게 한다는 점에서 많이들 찾죠. 어떻게 보면 요즘 한국에서의 오마카세는 플래터처럼 받아들여지기도 해서, 본래 일본에서의 오마카세의 개념과는 다소 다른데요. 그래서 요즘에는 오마카세 대신 우리식으로 '맡김차림'이라는 용어를 쓰기도 해요.

막상 스시집에 가면 뭘 시켜야 할지 모르겠으니까
주방장한테 전적으로 맡기게 되었고 그렇게 오마카세가
생겨난 거예요. 손님 입장에서는 고민할 필요 없이
알아서 해주니까 좋고, 식당에서는 원하는 대로
식재료를 운용할 수 있으니까 좋았죠.

OMAKASE
오마카세

엔트리, 미들, 하이엔드의 분류

오마카세에 대한 수요가 늘어나다 보니 가성비 오마카세도 생겨나는 등 지금은 가격대별로 엔트리, 미들, 하이엔드로 다채롭게 분류되어 있습니다. 얼마나 인기냐면 전 지역의 오마카세를 한눈에 볼 수 있도록 누군가 엑셀 시트로 만들어 그것이 공유되고 있을 정도예요. 그런데 엔트리, 미들, 하이엔드라니 어떤 기준으로 분류하고 어떻게 즐겨야 하는 걸까요.

엔트리, 미들, 하이엔드를 나누는 1차적인 기준은 가격입니다. 디너를 기준으로 1인 8만 원 미만은 엔트리, 10만 원대를 미들, 그 이상을 하이엔드라고 할 수 있는데요. 엔트리에 속하는 스시집은 가성비가 좋다는 평을 듣는 곳이 많고 대부분 술 주문을 필수로 합니다. 가격이 합리적인 대신 업장에선 주류에서 마진을 내려고 하는 거죠. 미들급 스시집부터는 북해도산 우니(성게 알), 오도로(참치 대뱃살), 단새우 같은 자주 접하지 못하는 해산물을 맛볼 수 있습니다. 하이엔드 스시집으로는 앞서 말한 전통적인 호텔 일식당을 포함해, 스시 코우지, 스시인, 스시 마츠모토 등이 있는데요. 메뉴와 분

위기, 셰프의 실력이 3박자를 이루는 완벽한 오마카세라고 할 수 있죠.

코스의 경우, 보통 전식(또는 츠마미)과 본식인 스시, 후식으로 진행되는데요. 전식은 가장 기본적인 자완무시[1]부터 전복이나 문어 등을 이용한 요리 두세 가지로 시작되고, 본식인 스시는 보통 담백한 흰살 생선이 먼저 나온 뒤, 맛이 강하고 기름진 등푸른 생선과 참치류로 이어집니다. 마무리는 장어가 나오는 경우가 많고요. 스시 코스가 끝나면 우동이나 소바 같은 간단한 식사, 또는 차나 샤베트, 아이스크림 같은 후식이 나옵니다. 각 스시집마다 코스에 시그니처 메뉴가 있기도 한데, 이런 시그니처 메뉴들이 바로 스강신청을 일으키는 요인이기도 하죠.

---

[1] 일본식 계란찜으로 계란을 풀어서 담백한 육수와 함께 은행, 버섯, 닭고기나 새우 등의 재료를 넣고 원통형 그릇에 찐 음식이다.

오마카세 테이블 구조의 비밀

최근 오마카세 열풍이 불게 된 이유로 코로나19로 인해 해외여행을 떠나기 어려워진 점을 꼽기도 하는데요. 틀린 말은 아니지만 그것만으로는 아쉽습니다. 오마카세에만 해당되는 이유는 또 아니니까요. 셰프로서 저는 오마카세 식당의 '테이블 구조'에서 그 이유를 찾고 싶습니다. 오마카세를 제공하는 스시집들은 대부분 '다찌²' 형태의 테이블 구조를 갖추고 있습니다. 저는 이 다찌 테이블이 외식 시장의 현재를 가장 잘 나타내고 있다고 생각해요.

우선 셰프 입장에서 생각해볼게요. 셰프의 최대 관심사는 두 가지입니다. 1) 어떻게 하면 더 맛있는 음식을 만들 수 있을까. 2) 어떻게 하면 매장의 운영비를 아낄 수 있을까. 다찌 테이블은 이 두 가지 고민을 모두 해결해줍니다.

예컨대, 한 공간에 똑같이 10석의 테이블을 놓는다고 가정해보세요. 일반 테이블이라면 보통 4인용 테이블 1개, 2인용 테이블 3개 정도의 구조가 될 겁니다. 만약 4인용 테이블에 3명, 2인용 테이블에 손님이 1명씩 앉게 되면 테이블 당 1명씩 매출 손실이 나겠죠. 그러나 다찌 테이블이라면 상황이 달라집니다. 그냥 순서대로 좌석을 배정하면 되니까요. 엄청나게 유동적이죠.

그리고 일반 테이블 구조의 식당이라면 홀 서비스를 담당할 직원이 따로 있어야 합니다. 그러나 다찌 테이블 구조에서는 셰프가 돌아다니면서 직접 서빙까지 커버할 수 있으니 홀 서비스 직원이 따로 필요 없죠. 음식을 내어줄 때 직접 고객들에게 설명을 해줄 수 있으니 고객의 접객 만족도도 높아지고요. 무엇보다도 공간 효율성이 좋으니 임대료까지 줄일 수 있습니다. 이렇게 줄인 매장 운영비로 가격을 합리적으로 조정하거나, 식재료에 투자할 수도 있습니다. 실제로 오마카세는 젊은 셰프들에게 창업비가 적은 아이템으로 손꼽히고 있다고 해요.

---

² 카운터석을 의미하는 말로, 일본어 '다치노미(たちのみ)'에서 유래했다는 설이 가장 유력한데, 여기서 다치노미는 '선 채로 마신다'는 뜻으로, 일본식 선술집을 이른다. 그러나 사실상 우리나라에서만 쓰이는 용어로 일본에서는 카운터석이라고 부른다.

한 공간에 똑같이 10석의 테이블을 놓는다고
가정해보세요. 일반 테이블이라면 보통
4인용 테이블 1개, 2인용 테이블 3개 정도의
구조가 될 겁니다. 그러나 다찌 테이블이라면
상황이 달라집니다. 그냥 순서대로 좌석을
배정하면 되니까요. 엄청나게 유동적이죠.

OMAKASE
오마카세

요즘 오마카세로 유명한 식당들의 공통점이 있어요. 사장님들이 다 젊다는 거예요. 코로나19 이전까지만 해도 요리사들이 요리 학교를 졸업하고 취업을 하려고 하면, 먼저 큰 식당에서 도제식으로 배우며 올라가는 시스템이 유지되고 있었거든요. 그런데 코로나19 시기에는 식당에 손님들이 없다 보니, 학교를 졸업하고 쏟아져 나오는 요리사들을 업계가 감당할 수 없게 된 거죠. 그렇게 젊은 요리사들이 취업하기가 어렵기도 하고, 식당에 소속되어 일하기 싫은 마음에 창업에 도전했는데요. 아무래도 자본이 부족하다 보니 작은 공간을 얻을 수밖에 없는데, 그렇다 보니 공간 효율성을 위해 다찌로 테이블 구조를 짜는 것이 유리했죠. 그런 구조라면 조금 무리하면 사장님 혼자서 충분히 식당을 운영할 수 있으니까요. 오마카세 형태로 1부, 2부 예약제로 나눠서 식사를 진행하면, 정해진 인원과 정해진 메뉴로 꾸려갈 수 있기 때문에 매출과 비용 면에서 불확실성을 최소화할 수 있습니다. 혼자서 다 하려다 보니 몸이 힘들다는 단점이 있지만, 사실 그건 큰 레스토랑에 고용되어 막내 셰프로 일해도 마찬가지로 겪게 될 테니까요.

한우 오마카세에서 이모카세까지

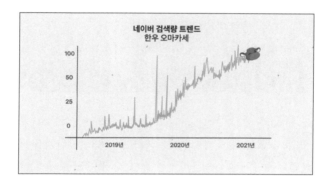

오마카세가 스시집에만 한정된 이야기는 아닙니다. 요즘엔 음식 종류를 가리지 않고 외식 시장의 대세로 떠오르고 있어요. 다시 말해, 4인 테이블은 점점 사라지고 있고, 대신 오마카세라는 브랜딩이 떠오르고 있는 거죠. 특히 '한우 오마카세'가 크게 화제가 되고 있습니다. 네이버 검색어 조회 트렌드를 살펴보면 2019년도부터 '한우 오마카세' 검색량이 약 61%나 급증했다고 해요. 그 분야의 대표주자로 '본앤브레드'BORN & BRED를 꼽을 수 있죠.

본앤브레드의 창업 스토리는 꽤 흥미롭습니다. 본앤브레드 대표인 정상원 씨 부친은 마장동에서 국내 최초로 한우 전문 유통회사를 설립한 분이래요. 본앤브레드라는 이름 자체가 '마장동에서 태어나 자랐다'라는 의미를 가지고 있다고 하죠. 사실 정상원 대표는 미국에서 경영학을 공부했는데, 지인들과의 식사 자리에서 고기를 그렇게 잘 구웠다는 거예요. 아무래도 아버지한테 듣고 자란 게 있어서 고기에 관해서도 굉장히 잘 알고요. 그래서 주변 사람들이 계속 식당 좀 열어달라고 졸랐던 모양이에요. 그러면 일주일에 딱 하루만 열겠다고 하면서 결국 식당을 오픈했는데, 예약을 받자마자 2주만에 1년치 예약이 다 차버렸다고 해요. 어떤 부위가 어떤 특색을 가지고 있고, 어떤 음식과 함께 먹으면 맛있는지 셰프가 매칭을 하며 소개하다 보니, 초심자들이 본인 취향을 알아가기에도 좋다고 하더라고요.

아무래도 한우가 한국인에게 잘 맞는 음식이라는 점과 와인, 위스키 등 다양한 주종을 페어링할 수 있다는 점 덕분에, 스시와 함께 '오마카세 양대산맥' 자리를 지키고 있는 것 같습니다. 여기에 더해 차와 함께 그에 어울리는 디저트를 먹는 '티마카세'나 '커피 오마카세', 그리

셰프의 니즈와 손님의 니즈가 절묘하게 맞아 떨어지는 경우는 희박합니다. 고가의 미식 시장의 경우는 더더욱 그렇죠. 그 사이의 절묘한 균형을 찾아낸 것이 바로 오마카세라고 할 수 있죠. 좋은 재료, 맛있는 음식, 색다른 경험, 비용 관리를 모두 잡아낸 거예요.

고 '파스타 오마카세', 한국식 '이모카세'까지 정말 다양
한 오마카세를 즐길 수 있게 되었습니다.

사실 셰프의 니즈와 손님의 니즈가 절묘하게 맞아 떨
어지는 경우는 희박합니다. 고가의 미식 시장의 경우는
더더욱 그렇죠. 셰프가 장인 정신을 발휘해서 요리했는
데 너무 난해해서 손님들의 선택을 받지 못한다거나,
좋은 재료를 사용해도 비용 관리를 못하면, 가격이 비
합리적이라는 이유로 외면받기도 합니다. 그 사이의 절
묘한 균형을 찾아낸 것이 바로 오마카세라고 할 수 있
죠. 좋은 재료, 맛있는 음식, 색다른 경험, 비용 관리를
모두 잡아낸 거예요.

feat. 그런데 지금 같은 인플레이션 시기가 지속되면, 오마카세가 유지되기는 힘들 것 같아요. 오마카세는 굉장히 규격화된 비즈니스 형태잖아요. 일정한 규모의 업장에서 몇 명의 손님을 어떤 스케줄로 받아서 재료비는 몇 퍼센트 정도를 쓸지 어느 정도 정해두고 하는 장사거든요. 좋게 말하면 안정적이고, 나쁘게 말하면 리스크에 취약하죠.

요즘의 경제상황을 두고 보면, 일단 인건비가 지속적으로 조금씩 오르고 있고, 재료비 또한 계속 오르고 있다는 것이 가장 큰 문제예요. 오마카세는 재료비의 할당량이 고정되어 있는 비즈니스이기 때문에, 인플레이션 시기에는 소비자에게 가격을 전가시킬 수밖에 없는 구조예요. 만약 단골 오마카세 식당이 가격을 인상하지 않고 있다면, 요즘 같은 상황에서는 오히려 그것이 더 문제라고 저는 생각합니다. 말없이 재료의 질을 조용히 내린 거니까요. 이런 분위기라면 새로 창업을 하게 될 요리사들, 사장님들이 오마카세 방식을 쉽게 선택할 것 같진 않아요.

만약 단골 오마카세 식당이 가격을 인상하지 않고 있다면,
요즘 같은 상황에서는 오히려 그것이 더 문제라고
생각합니다. 말없이 재료의 질을 조용히 내린 거니까요.

OMAKASE
오마카세

**FOOD
CRISIS**

**FOOD
CRISIS**

**FOOD
CRISIS**

**FOOD
CRISIS**

FOOD

FOOD
CRISIS

미식
경제학

FOOD
CRISIS

EP 6.

FOOD
CRISIS

40년 만의 인플레이션, 식량이 주목받는 이유

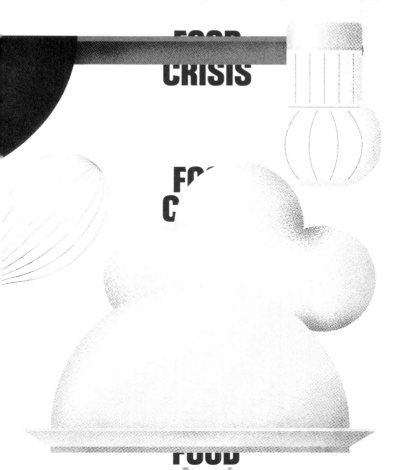

EP 6.

식량 위기,

다가올 미래일까

 홍기빈

글로벌정치경제연구소 소장. 서울대학교 경제학과와 외교학과 대학
원을 졸업하고 캐나다 요크대학교 정치학과 박사과정을 수료했다.
저서로 『어나더 경제사 1, 2』 『위기 이후의 경제철학』 『비그포르스,
복지 국가와 잠정적 유토피아』 등이 있으며, 번역서로는 칼 폴라니
『거대한 전환』, 케이트 레이워스 『도넛 경제학』 등이 있다. 유튜브 채
널 〈홍기빈 클럽〉을 운영하고 있다.

식량 위기에 관한 논쟁

최근 기후 위기와 더불어 식량 위기에 대한 논의도 활발히 이루어지고 있는데요. 사실 식량 위기에 대한 논쟁은 200년 전부터 시작됐어요. 영국의 고전경제학을 대표하는 경제학자 토머스 맬서스Thomas Malthus는 저서『인구론』(1789년)을 통해 자본주의 경제의 발전으로 식량 위기가 도래할 것이라고 예견하며 다음처럼 말했습니다. "인구의 증가는 기하급수적이고 식량의 증가는 산술급수적이기 때문에 결국은 식량의 부족으로 인구가 줄어들고 경제 성장이 정체될 것이다." 그러나 이후 기술 혁신과 생산성 증가로 식량 위기는 오지 않을 것이라는 논리가 우세해지면서, 식량 위기에 대한 논쟁은 끝나는 듯했어요.

그런데 50년 전, 로마클럽Club of Rome '의 지원을 받고 MIT의 과학자들이 연구해 발표한 보고서『성장의 한계』(1972년)에서는 토머스 맬서스와는 다른 관점으로 식량 위기를 예견합니다. 단순히 농수산물 생산의 한계라는 논리에 근거한 것이 아니라, 시스템 과학에 근거해 경제 성장률을 적용해 시뮬레이션을 돌려본 것이죠.

그들에 따르면 지금의 속도로 경제 성장이 지속된다면 결국 기술 혁신으로 극복할 수 없는 생태적 한계가 올 것이고, 그에 따라 각종 오염 및 수자원 고갈 등의 문제로 식량 생산량도 줄어들게 될 것이라고 했습니다. 식량 가격 상승이 소비자의 선호 변화에 따라 나타나는 현상이라면, 전통적인 경제학의 수요 공급 균형의 변화를 바탕으로 다른 식량의 소비로 유도하면 문제를 해결할 수 있겠죠. 하지만 가격 상승의 원인이 생태 위기, 즉 생태적 한계로부터 비롯되는 것이라면 식량 공급 곡선 자체에 문제가 발생하는 것입니다. 그들의 논리대로라면 2020년대 무렵부터 식량 생산에 위기가 올 것이고, 2050년대가 되면 수산물조차 완전히 고갈될 수 있다고 해요.

그 당시 경제학자들은 그 연구 내용을 어처구니없는 소설이라고 여기며 믿으려 하지 않았습니다. 그러나 현실을 보세요. 이미 2000년대 말부터 식량 위기가 시작되었습니다. 코로나19 발생 이전인 2010년대 내내 국제 곡물 시장과 선물 시장의 가격이 불안정했습니다. 코로나19로 인해 국제 무역이 위축되면서 이런 경향은 더욱 가속화됐고요. 게다가 산업화가 가속화되고 사람들의 육류에 대한 소비가 빠르게 증가하게 되면서, 가축들을 먹이기 위한 곡물 생산량까지 늘어나게 되고, 그러다 보면 농작물의 생태적인 한계가 훨씬 더 빠른 속도로 들이닥칠 수밖에 없습니다.

---

[1] 1968년, 이탈리아의 기업인 아우렐리오 페체이(Aurelio Peccei)가 환경오염 문제에 대한 연구의 시급함을 절감하고 결성한 비영리 단체. 서유럽의 과학자, 경제학자, 교육자, 경영자 등 30명의 학자와 사회 지도층을 모아 결성했다. 본부는 로마에 있으며 제네바와 헤이그에 연구소를 두고 있다. 경제 성장이 환경에 미치는 부정적 영향을 다룬 보고서인 『성장의 한계』가 전 세계적인 베스트셀러로 주목받으면서 국제적인 명성을 얻기 시작했다.

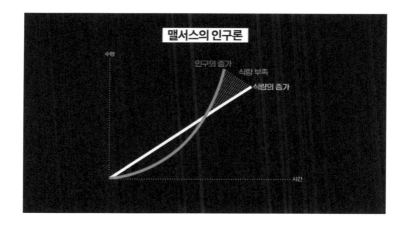

맬서스의 인구론

수량

인구의 증가   식량 부족
식량의 증가

시간

"지금의 속도로 경제 성장이 지속된다면 결국 기술 혁신으로 극복할 수 없는 생태적 한계가 올 것이고, 그에 따라 각종 오염 및 수자원 고갈 등의 문제로 식량 생산량도 줄어들게 될 것이다."

그 당시 경제학자들은 그 연구 내용을 어처구니없는 소설이라고 여기며 믿으려 하지 않았습니다. 그러나 현실을 보세요. 이미 2000년대 말부터 식량 위기가 시작되었습니다.

식량 위기에서 이어진 정치 사회적 위기

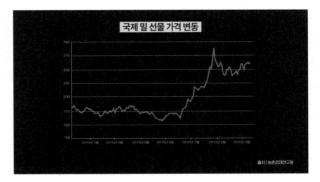

비단 식량 위기에서 끝나는 문제가 아닙니다. 2009년 세계 경제에 위기가 닥친 직후, 2010년대 내내 전 세계의 곡물 가격은 계속 상승 기조였는데요. 그로 인해 정치 사회적으로도 여러 차례 위기가 있었습니다. 그 중 중요한 사건으로 '재스민 혁명'Jasmine Revolution을 꼽을 수 있죠.

2010년 겨울, 튀니지에서 일어난 민주화 혁명으로 이듬해 1월에 결국 정권이 교체되었어요. 이후 튀니지를 시작으로 이집트에서도 정권 교체가 있었고, 시리아 내전으로까지 그 불씨가 번졌고요. 그런데 그 근본적인 원인을 많은 사람들이 망각하고 있는 것 같아요. 바로 식량 위기였습니다.

그 당시 세계 경제 위기로 전 세계 곡물 시장 상황도 불안정해지면서, 옥수수나 밀가루 등의 곡물 가격이 급등합니다. 그러면 당연히 그것을 주재료로 하는 빵의 가격도 오를 수밖에 없죠. 튀니지나 이집트 같은 곳에서는 서민들이 주식으로 먹는 빵의 가격이 두 배나 뛰는 상황이 벌어지고 맙니다. 그로 인해 서민들의 불만이 쌓이면서 혁명으로까지 번지게 된 것이죠. 그렇기에 재스민 혁명의 근본적인 원인으로 식량 위기를 빼놓고 이야기할 수는 없습니다.

이후 꾸준히 상승 기조를 보이던 곡물 시장은 코로나19로 인해 세계 무역 시장에 교란이 발생하자 더욱 불안정해집니다. 게다가 2022년 러시아 우크라이나 전쟁이 발발해 상황은 더욱 나빠졌어요. 우크라이나는 체르노젬Chernozem, 즉 흑토 지대라고 하죠. 세계에서 가장 비옥한 농업지대를 보유하고 있습니다. 세계 최대의 밀 생산국이기도 하고요. 해바라기 식용유 또한 최대 생산국입니다. 그런데 전쟁으로 인해 밀 등의 곡물, 해바라기 식용유의 생산이 불투명해졌고 결국 식량 가격 폭등의 가장 큰 원인이 되고 말았죠.

이렇게 곡물 중 한두 가지의 가격이 뛰기 시작하면 다른 곡물이라고 예외가 되지 않습니다. 해바라기 식용유를 예로 들어볼까요. 해바라기 식용유의 품귀 현상이 벌어지게 되니 곧바로 팜 식용유의 가격도 급등합니다. 팜 식용유의 가장 큰 수출국은 인도네시아인데요. 인도네시아 자체에서도 식문화 때문에 팜유 소비량이 높은 편인데, 해외 수출 물량이 급증하자 인도네시아 정부는 가격 안정을 취하기 위해 한동안 식용유 수출을 막기도 했습니다. 그 때문에 우리나라에서도 한때 일부 마트에서 식용유 구입 갯수를 2개 이하로 제한하기도 하고 제품 자체가 품절되기도 했어요.

이렇듯 2010년대 세계 경제 위기부터 2020년대 코로나19 사태와 그것으로 직간접적으로 영향을 받아 발발한 우크라이나 전쟁까지, 식량 위기에 큰 타격을 준 사건들이 연이어 일어나면서 학자들이 예측한 그 시기가 더욱 앞당겨지고 있는 듯합니다.

체르노젬 Chernozem
검은 흙이라는 뜻
세계에서 가장 비옥한 토양으로 꼽힌다

우크라이나
1 전 세계 밀 생산량 7위 [전체 생산량의 9%]

우크라이나
2 전 세계 해바라기유 생산량의 43% 차지

팜유와 식용유
공급 부족 인플레이션으로 대체재 가격이 같이 오름

곡물 중 한두 가지의 가격이 뛰기 시작하면 다른
곡물이라고 예외가 되지 않습니다.

40년 만의 인플레이션, 식량이 주목받는 이유

1970년대까지만 하더라도 '국민 경제'를 '세계 경제'의 기본 단위로 여겼습니다. 즉, 식량부터 시작해서 의류, 자동차까지 산업사회에서 살아가는 데 필요한 모든 종류의 재화를 한 나라 안에서 생산한다고 전제한 것이죠. 물론 석유나 원자재 같은 부분은 해외 무역을 통해 조달하겠지만요. 그러나 1990년대 이후에는 세계 경제가 글로벌화되면서 큰 변화가 일어납니다. 지금 갖고 있는 스마트폰을 분해해 그 안의 부품들에게 각자 자기가 제조된 국가의 모국어로 얘기해보라고 한다면, 아마 수백 개의 언어가 들려올 겁니다. 스마트폰 하나를 만드는 데도 철광석이나 리튬 같은 최초의 원자재에서부터 시작해 중간재가 여러 개 필요하거든요. 이렇게 완성품을 얻기까지 여러 단계를 거치는 과정에서 부가가치가 지속적으로 발생하는데, 이러한 부가가치의 누적 과정을 '밸류 체인'Value Chain, 즉 가치 사슬이라고 부릅니다. 현대 산업사회에서는 이것이 전 세계적으로 조직되어 있기에 '글로벌 밸류 체인'(GVC)Global Value Chain이라 부르기도 하고요.

그렇다면 식량은 밸류 체인에서 어떤 부분에 해당할까요? 밸류 체인은 크게 조달에서부터 생산, 판매에 이르는 부가가치를 창출하는 운영 부분과 연구개발, 재무, 인사 등 가치 창출을 지원하는 지원 부분으로 나눌 수 있습니다. 한편 가장 원초적인 생산 요소로 살펴본다면 자연, 노동, 자본 세 가지로도 추릴 수 있겠죠. 이 세 가지를 '생산 요소 시장'이라고 합니다. 그런데 밸류 체인을 어떤 식으로 나누든 간에 식량 가격과 무관한 요소는 없습니다. 밥을 먹는 사람이 개입하지 않아도 되는 재화와 서비스가 무엇이 있을까요? 그래서 경제학사상 살펴보면 경제학의 아버지라 불리는 애덤 스미스Adam

Smith와 토머스 맬서스, 데이비드 리카도David Ricardo 세 사람이 가장 고민했던 문제가 식량 가격의 상승이 경제 상승률에 가져오는 영향이었습니다.

식량과 비슷한 물건이 하나 더 있습니다. 바로 에너지죠. 1970년대에 우리가 그것을 뼈저리게 느낀 적이 있습니다. 제2차 산업혁명 시대에는 석유가 개입되지 않고서는 생산될 수 있는 물건이란 게 거의 없었는데요. 그래서 1차, 2차 오일 쇼크[2]가 벌어졌을 때, 이것이 인플레이션으로 이어지게 된 거죠. 그런데 인플레이션이라는 것이 무서운 게 일단 인플레이션이 일어나면 사람들 대부분의 실질 임금은 하락하게 됩니다. 그렇게 되면 당연히 명목 임금을 올려달라고 요구하게 되죠. 명목 임금이 오르게 되면 어떻게 될까요. 이것 때문에 다시 물가가 오르게 됩니다. 이렇게 임금 상승과 인플레이션이 악순환의 고리를 만들어 계속 상승하는 것을 두고 '러너웨이 인플레이션'Runaway Inflation이라고 하는데, 그 끝에는 통제 불능의 인플레이션인 '하이퍼 인플레이션'Hyper Inflation이 있습니다. 1970년대 발생한 인플레이션은 석유 때문이었지만, 지금 21세기에는 고기뿐만 아니라 각종 곡물 등의 식량 가격 상승으로 인해 러너웨이 인플레이션의 악순환이 이어지는 것은 아닐지 불안해 하는 사람들이 많습니다. 그런 불안이 다시 곡물 시장에 반영되어 시장이 불안정해지며 가격이 폭등하는 사례도 종종 있고요.

[2] 1974년 1월 1일, 1978년 10월 두 차례에 걸친 석유 공급 부족과 가격 폭등으로 세계 경제 위기를 초래한 사건을 말한다. 1973~1974년 중동 전쟁 당시 아랍 산유국들의 석유 무기화 정책으로 인해 1차 오일 쇼크가 일어났으며, 이후 1978년 발생한 이란 혁명으로 인해 석유 생산이 줄어 공급이 부족해지자 석유 가격이 급상승하여 2차 오일 쇼크가 발생했다.

1970년대 발생한 인플레이션은 석유 때문이었지만, 지금 21세기에는 고기뿐만 아니라 각종 곡물 등의 식량 가격 상승으로 인해 러너웨이 인플레이션의 악순환이 이어지는 것은 아닐지 불안해 하는 사람들이 많습니다.

FOOD CRISIS
식량 위기

인플레이션은 앞으로 계속 이어질까

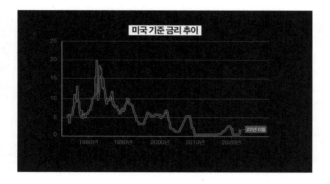

요즘 여기저기서 '인플레이션'이라는 단어가 많이 들려오는데, 1980년대 이후에 태어나신 분들은 인플레이션을 마치 일제 강점기나 6·25 전쟁처럼 나오는 거리가 다소 먼 단어처럼 느낄 수도 있을 것 같아요. 그렇기에 인플레이션이 벌어지면 어떤 상황이 펼쳐질지, 그것 때문에 어떤 사회적 갈등이 일어날지 상상하기 어려울 수도 있는데요. 사실 이렇게 장기간 인플레이션이 없었던 시기가 굉장히 특이한 경우에 속합니다.

경제사를 연구하는 사람들이 1980년대 중반부터 2010년대까지, 그러니까 20~30년 정도의 기간을 보통 '거대한 완화' Great Moderation 또는 '대안정기'라고 부르는데, 세계적으로 저물가, 저금리가 지속됨으로써 인플레이션은 거의 벌어지지 않고 오히려 디플레이션의 경향이나 위협이 나타나던 시기입니다. 2009년 세계 경제위기 때를 제외하면 경제적 변동성도 크지 않았죠. 대안정기 동안에는 미국 연방준비제도이사회 FED 부터 시작해서 대부분 나라들이 금리를 지속적으로 완화하고, 통화의 공급량도 늘어납니다. 그럼에도 불구하고 인플레이션이 벌어지지 않는 시기라 '거대한 완화'라고 칭한 거죠.

그런데 1950년대 초부터 최근까지, 지난 60~70년 동안의 미국 연준 금리 경향을 살펴보면, 1980년대까지 계속 올라갔다가 그다음부터 쭉 내려가요. 그리고 작년부터 다시 오르기 시작합니다. 즉, 인플레이션이나 금리 등을 따져볼 때 어떻게 보면 지금이 30~40년 정도에 한 번 꼴로 나타나는 큰 변곡점의 시기라고 예측할 수 있는 것이죠.

인플레이션의 가장 큰 피해자

인플레이션 시기
독점 기업, 대기업은 가격 전가로 이득을 봄

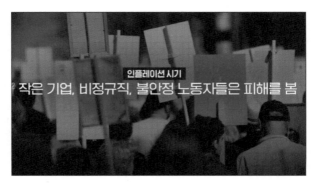

인플레이션 시기
작은 기업, 비정규직, 불안정 노동자들은 피해를 봄

인플레이션의 가장 큰 피해자는 누가 될까요. 우선 통화 팽창에 의해서 인플레이션이 벌어지는 측면에서 살펴보면, 통화를 먼저 손에 넣는 사람이 이득을 보고 통화를 나중에 손에 넣는 사람이 큰 피해를 보게 돼요. 통화가 막 풀려나가기 시작한 인플레이션 초반 아직 어느 정도 돈의 가치가 있을 때 그것을 먼저 손에 넣는 쪽과 이후 돈의 가치가 휴지장이 되고 나서 맨 나중에 그것을 손에 쥔 쪽 간에는 차이가 큽니다. 그러니 은행 등 금융 시스템에 접근이 훨씬 쉬운 대기업이 그나마 화폐의 가치가 떨어지기 전에 그것을 손에 넣고, 자영업자나 노동자들, 서민들이 손에 돈을 쥐었을 때는 이미 그 가치가 떨어져 있을 때죠.

두 번째로 공급 측면에서 살펴보면 물가가 오르기 시작할 때는 가격 결정력, 즉 '프라이싱 파워'Pricing power가 큰 집단이나 기업부터 물가를 올리기 시작합니다. 프라이싱 파워란 높아진 생산 비용을 소비자에게 전가해도 소비자가 경쟁사 제품을 찾지 않고, 정가 인상을 받아들이며 해당 제품을 계속 구매한다는 뜻입니다. 강력한 브랜드 파워나 기술력을 가지고 있거나 시장 점유율이 매우 높아 가격을 올려도 경쟁자들이 쉽게 따라갈 수 없는 경우를 말하죠.

다시 말해서 시장에 대한 지배력이 큰 대기업이라든가 독점 기업 쪽에 프라이싱 파워가 있기 때문에, 이것을 이용해 먼저 가격을 올린 쪽이 당연히 더 부유해집니다. 그들보다 가격을 나중에 올리거나 아예 못 올리는 쪽이 일방적으로 부를 뺏기는 거고요.

노동자의 임금도 마찬가지입니다. 단결력이 아주 센 작은 단위의 노조로 구성된 노동자들이 그렇지 못한 쪽보다 상대적으로 우위에 서게 돼요. 비정규직이나 고용 조건이 불안정한 노동자들은 임금을 올리지 못하죠.

그래서 인플레이션은 절대로 중립적이지 않습니다. 통화에 대한 접근권과 시장 가격에 대한 결정력이라고 하는 두 가지 측면에서 살펴볼 때, 권력이 큰 집단이나 단위가 더 큰 쪽이 부를 가져가는 대규모의 부의 재분배 현상을 수반합니다. 그러니 인플레이션이 나타났을 때, 가장 걱정되는 건 사실 힘없는 서민들이에요.

VEGAN
VEGAN

VEGAN
VEGAN

VEGAN
VEGAN

VEGAN
EGAN

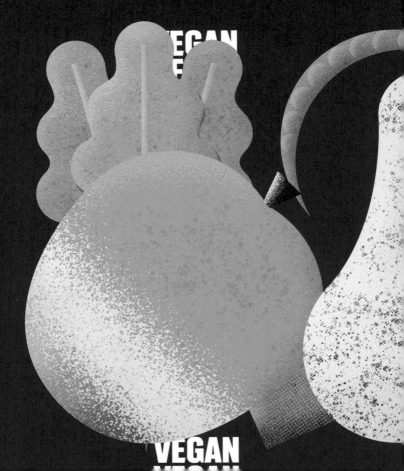

VEGAN

VEGAN
VEGAN
미스
그린에코
VEGAN
VEGAN

(EP 7.)

VEGAN
VEGAN

요즘 잘 나가는 K-푸드는 나물

VEGAN

비건은 선택지를 줄이는

것이 아니라, 넓히는 것이다

 홍기빈

 장진아   채소 친화 식공간 베이스이즈나이스 대표

"우리 오늘 고기 썰러 가자"

저는 셰프입니다. 제가 운영하는 유튜브 채널에서는 주로 스테이크 요리를 다뤄왔는데요. 가끔씩 비건에 대해서 어떻게 생각하느냐는 댓글이 달리더라고요. 이번 기회에 비건에 무지한 셰프의 입장에서 이 세계를 탐구해보고 저만의 레시피를 만들어볼까 합니다.

사실 우리는 중요한 날이면 "고기를 썰러 가자"고 하지, "채소를 먹으러 가자"고는 안 하잖아요. 양식 레스토랑에서는 육류가 메인 디시가 되는 경우가 많으니 알게 모르게 사람들이 음식을 인식하는 데 계급이 설정되는 것 같아요. 식재료 중에서도 제일 맛있는 건 고기, 그중에서도 최상위에는 소고기가 있고, 그 아래에는 밥이나 면 같은 탄수화물이 자리하고, 채소는 반찬 정도로 생각하곤 하니까요. 저도 지금껏 그렇게 생각해왔던 것 같습니다. 채소보다는 육류를 찾는 고객들이 많다 보니까, 셰프 입장에서는 탄수화물, 육류 등 고칼로리 메뉴가 있어야 고객의 만족도가 높아지는 것 같죠.

고기가 맛있다고 생각하게 된 이유

사실 태초에 인간이 고기를 먹게 된 이유는 맛있어서가 아니었대요. 아주 먼 옛날, 농사를 짓기 전에 인간은 과일, 채소, 버섯 등을 채집하며 끼니를 때웠는데요. 생으로 먹자니 씹기도 어렵고 소화가 잘 안 되는 거예요. 심지어 칼로리는 낮았고요. 이에 반해 고기는 영양 면에서 가성비가 월등했고, 특히 두뇌를 많이 쓰는 인간에게 엄청난 에너지 공급원이 되어줬대요. 그래서 인간의 몸이 고기를 맛있게 느끼게끔 진화했다는 것이 과학자들의 설명이에요. 인간이 고기를 먹기 시작하면서 지능이 높아졌다고 말하는 과학자들도 있어요.

인간이 맛보다 영양 때문에 고기를 찾는다는 얘기는 현대라고 다르지 않습니다. 인간이 고기를 오로지 맛 때문에 먹는 것이라면, 소득 수준이 올라가면 올라갈수록 육류 섭취량도 함께 늘어나겠죠. 보통 식재료 중 육류가 고가에 속하니까요. 그런데 통계를 살펴보면 경제가 발전하다가 어느 수준에 도달하면, 육류 소비량은 더 이상 늘어나지 않습니다. 그 지점이 1인당 GDP가 32,000달러가 되는 때라고 해요. 참고로 우리나라가 딱 이 지점**에 있습니다.

** 우리나라 1인당 GDP 31,947달러 (출처: UN, 2020)

경제가 발전하다가 어느 수준에 도달하면,
육류 소비량은 더 이상 늘어나지 않습니다.

VEGAN
채식

소비와 기쁨의 상관관계

 경제 성장과 산업화로 인해 육류 소비가 증가한 것은 사실입니다. 과거 농촌이나 어촌 등 자급자족 공동체로 사회가 구성되었을 때는 육류는 일주일에 한 번 정도 먹을까 말까 한 음식이었어요. 그러나 산업화 이후 도시에 거주하는 인구가 폭발적으로 늘어나면서, 식자재를 직접 기르는 것이 아니라 상점에서 구입해 먹다 보니 전통적인 식습관과는 무관한 식습관이 생기게 된 것입니다.

또한 산업화로 경제 성장이 일어나 소득이 늘수록, 사람들의 고기에 대한 욕구가 엄청나게 높아지는 것을 볼 수 있습니다. 우리나라도 1970년대까지만 하더라도 육류 소비가 그다지 많지는 않았어요. 이후 지속적인 경제 성장으로 1980년대 들어 소고기를 수입하기 시작했고, 삼겹살집 같은 고기집도 많이 생겨났죠. 육류에 대한 수요가 늘어나다 보니 공장식 사육이 성행하고, 사육에 필요한 많은 양의 곡물을 충당하기 위해 'GMO'Genetically Modified Organism(유전자변형 농수산물)를 활용해 옥수수나 콩 등을 대량으로 생산하게 되었습니다. 결국 고기에 대한 과한 수요가 자연과 생태로 전가되면서 생태계 파괴로 이어진 거예요.

그렇지만 저는 어느 정도 소득 수준이 올라가게 되면 육류 소비가 계속 늘어나지는 않을 거라고 생각합니다. 경제학에 '이스터

린의 역설'Easterlin's paradox이라는 이론이 있는데, 소득이 일정 수준에 이르고 기본적 욕구가 충족되면 소득의 증가가 행복에 영향을 미치지 않는다는 내용입니다.

국민 소득이 아주 낮은 단계에 있던 국가가 경제 성장기를 맞으면 처음에는 국민 소득과 국민 행복도의 증가 정도가 일치합니다. 그러나 어느 지점까지 경제적으로 성장하고 나면 소득이 증가한다고 해도 행복감이 그에 비례해서 커지진 않는다는 거죠. 그 시점에서는 소비 대신 인간관계 등 비물질적인 요소가 오히려 행복감에 더 큰 영향을 끼칠 수 있습니다. 그러다 보면 사람들이 값비싼 고기를 사먹는 데서 얻는 기쁨보다는 사람과 자연과의 관계를 풍요롭게 하는 문화에서 비롯된 채식의 즐거움이나 기쁨에 신경 쓰게 되지 않을까요.

한국이 알고 보니 비건 선진국

1960년대에는 한국인이 하루에 고기를 10그램도 못 먹었습니다. 지금은 150그램을 먹어요. 그러나 2020년 이전 지난 5년을 놓고 보면 큰 변화는 없습니다. 이미 올라올 만큼 올라왔다는 거죠. 또 하나 눈여겨볼 점은, 미국 등 다른 선진국에 비해 우리나라는 고기를 덜 먹는 편이라는 겁니다. 미국인이 1년에 90킬로를 먹을 동안 우리나라는 50킬로를 먹어요. 대신 채소 섭취량은 전 세계 2위입니다.

사실 한국은 극도로 비건 친화적인 나라였어요. 제대로 된 한식 차림을 보면 70퍼센트가 채소로 되어 있습니다. 특히 외국 셰프들이 한국을 방문해 한식을 접할 때마다 놀라워하는 한식의 진수가 있는데요, 바로 K-푸드의 또 다른 보물, 나물입니다.

일단 지리적으로 한반도는 70퍼센트가 산지이기 때문에, 산나물이 많을 수밖에 없어요. 특히 한국의 채소는 수분과 당분이 아주 풍부한 편이라, 외국에서는 식용으로 먹지 않고 허브로 사용하는 채소들도 한국에서는 나물로 요리해 먹을 수 있습니다. 그리고 무엇보다도 장

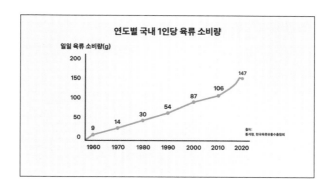

연도별 국내 1인당 육류 소비량

일일 육류 소비량(g)

200

150 · 147

106

100 · 87

54

50 · · · · · · · · · 30

14

9

1960 1970 1980 1990 2000 2010 2020

출처:
통계청, 한국육류유통수출협회

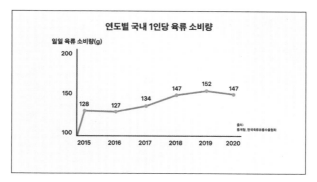

연도별 국내 1인당 육류 소비량

일일 육류 소비량(g)

200

152

147   147

150 ·

134

128   127

100

2015 2016 2017 2018 2019 2020

출처:
통계청, 한국육류유통수출협회

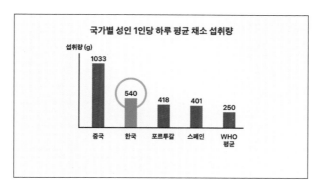

국가별 성인 1인당 하루 평균 채소 섭취량

섭취량 (g)

1033

540

418

401

250

중국   한국   포르투갈   스페인   WHO
                                     평균

문화가 발달해 있어서 채소를 맛있게 요리하는 방법을
아는 나라이고요.

요즘은 한국의 사찰음식도 굉장한 주목을 받고 있죠.
정관 스님의 사찰 음식을 맛본 〈뉴욕 타임스〉 기자는
"정관의 음식을 맛보고 확신했다. 서양의 비건 및 채식
셰프들은 당장 한국행 비행기를 예약해야 한다!"고 기
사에 쓰기도 했습니다.

채소 친화적인 요리

우리나라는 역사적으로 고기가 귀했기 때문에, 비건 친화적인 레시피가 많이 개발되어 있는 편입니다. 그런데 역설적으로 바로 그 이유 때문에 완전 비건을 하기는 쉽지 않습니다. 국물 때문이에요. 우리 식문화를 살펴보면 한정된 양의 고기로 최대한 많은 사람들의 영양을 보충하기 위해 육수를 우려서 활용했는데요. 설렁탕, 미역국 같은 국물 요리가 여기서 비롯됐죠.

그래서 우리나라 채식주의자들 사이에서는 '비덩²'이라는 개념이 있대요. 국물은 어쩔 수 없이 먹기는 하되, 거기 들어간 고깃덩어리는 안 먹는다는 거죠. 비덩뿐만 아니라, 페스코 베지테리언³, 오보 베지테리언⁴, 락토 베지테리언⁵ 등 비건에 대해 수많은 정의와 변형이 존재

---

² '비(非) 덩어리'를 줄인 말로, 한국에서만 사용하는 신조어다. 덩어리 고기는 거부하고 육수 등의 국물은 허용하는 유형이다.
³ 채식을 하면서 유제품, 달걀류, 생선류는 먹는 채식주의자를 말한다.
⁴ 육류, 생선류, 해물류, 우유, 유제품은 먹지 않지만 달걀류는 먹는 채식주의자를 말한다.
⁵ 육류와 생선류, 달걀류는 먹지 않고 우유, 유제품, 꿀은 먹는 채식주의자를 말한다.

한다는 것 자체가 비건을 완벽히 고집하기가 얼마나 어려운지 대변해주는 것 같습니다.

그래서 제가 주목한 건 비건보다는 조금 덜 부담스러운 '채소 친화적'이라는 개념입니다. 얼마 전, 재미있는 레스토랑을 발견했어요. 도화동에 있는 '베이스이즈나이스' base is nice 라는 식당인데요. 미쉐린 가이드에서 빕 구르망을 받기도 했어요. 참고로 빕 구르망은 1인당 45,000원 이하의 좋은 음식을 제공하는 식당에 주는 인증입니다.

베이스이즈나이스의 장진아 대표는 본인의 음식을 비건이 아니라, '채소 친화적' 요리라고 정의를 해요. 채소의 비중을 늘려 식단의 중심에 두고, 채소 본연의 맛과 질감을 살리는 요리를 뜻한다고요.

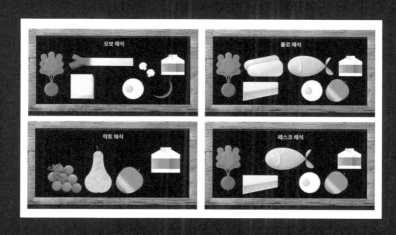

오보 채식

폴로 채식

락토 채식

페스코 채식

'채소 친화적' 요리는 채소의 비중을 늘려
식단의 중심에 두고, 채소 본연의 맛과
질감을 살리는 요리를 뜻합니다.

제 고향이 제주도거든요. 제주도는 아무래도 된장이나 간장을 이용한 요리가 많아요. 그간의 경험을 바탕으로 참기름이나 강한 양념들에 묻혀버려서 채소의 식감이나 풍미를 잘 느낄 수 없는 익숙한 조리법에서 벗어나서, 자체의 감칠맛을 지닌 된장이나 간장 등으로 간소하게 간을 하여 채소 본연의 맛을 살리는 조리법을 생각해봤어요. 채소가 주인공인 식탁을 만들고 싶어서요.

채소를 원래 좋아하는 편이긴 했지만 특별히 관심을 가졌던 건 아니었어요. 그런데 10년 정도 뉴욕에서 지내다가 한국에 돌아왔는데, 미국에서 먹던 채소의 맛과 다르다는 걸 느꼈어요. 특히 양파요. 미국에서 구할 수 있는 양파는 굉장히 맵거든요. 그런데 어느 날 한국에서 양파를 살짝 구워서 먹었는데 너무 달고 부드럽고 수분이 촉촉해서 놀랐어요. 깨달았죠. 원래 알고 있던 양파 맛이 이거였지! 그러면서 한국의 식탁을 다시 보게 됐어요. 항상 채소가 있었지만 정작 한 번도 제대로 대접받지 못한 재료라는 생각이 들더라고요. 그래서 하루에 한 끼 정도는 채소가 주인공인 식사를 대접하고 싶었어요.

비건은 선택지를 줄이는 것이 아니라 넓히는 것

사람들이 채식주의를 실천할 때, 주변의 수많은 냉소에 부딪힌다고 해요. 지금 먹고 있는 음식이 온전히 비건에 맞는지 감시하듯 바라본다는 거예요. 채소 김밥이라고 해서 주문을 했는데, 알고 보니 생각지 못한 식재료가 들어 있음을 발견한 순간 실패감을 느끼게 되죠. 하지만 저 같은 논비건의 입장에서는 채소 친화적인 식사를 한 번 하는 것이 이전보다 한 걸음 나아간 게 되는 겁니다.

한국채식연합에 따르면, 2008년 15만 명이었던 채식 인구가 2022년 250만 명을 돌파했다고 해요. 아마 비건에 관심 있는 분들까지 광범위하게 포함한 숫자일 겁니다. 저는 흔히 말하는 패션 비건, 비건에 관심 있다고 말부터 하는 사람, 저 같은 사람들이 더 많아져야 한다고 생각해요. SNS에 더 많이 보이고 미디어에 더 많이 노출될수록 이것이 가치 있구나 생각하는 사람들이 늘어나면서, 얼떨결에 이 흐름에 합류하는 사람도 많아질 테니까요.

제 기준에서 비건은 선택지를 줄이는 게 아니라, 넓히는 거예요. 영국의 젊은 셰프 루비 탄도Ruby Tandoh*는 말합니다. 음식을 먹는 단 하나의 옳은 방법은 없다고, 누군가에게 정크 푸드인 것이 누군가에게는 소울 푸드가 될 수 있다고요. 그 말을 뒤집어보면, 요리를 하는 단 하나의 옳은 방법도 없는 거예요. 육식도, 채식도, 잡식도 모두 마찬가지겠죠. 〈미식경제학〉을 진행하면서 꼭 전달하고 싶었던 메시지가 있어요. '선택과 다양성'이요. 이것은 미식, 경제, 그리고 우리 삶 모두에 중요한 가치일 겁니다.

feat 1. '이건 안 된다' 같은 비판이나 계몽적인 태도가 사람들의 생활문화를 바꾸는 데에 과연 얼마나 효과적일까요. 채식의 즐거움과 기쁨, 이것이 사람과 자연과의 관계를 얼마나 풍요롭게 하는지를 체감할 수 있도록 새로운 식문화를 창조하는 데 넛지nudge(부드러운 방식으로 행동을 유도하는 것)의 논리를 적용하는 편이 훨씬 효과적이지 않을까 생각합니다.

---

* 2013년 영국의 인기 요리 경연 프로그램 〈그레이트 브리티시 베이크 오프(The Great British Bake Off)〉의 최종 결승전에 진출하면서 이름을 널리 알렸다. 영국을 대표하는 제빵사이자, 음식 칼럼니스트로도 활동 중이다.

VEGAN
공격수셰프의 버섯 콩피 파스타

**그동안 비건 메뉴가 없었던 저희 업장을 위해서
새로운 메뉴를 하나 준비해봤습니다.**

1) 버섯 콩피' 만들기

Ingredients.
표고버섯 3개, 양송이버섯 5개, 새송이버섯 2개, 페페론치노
파우더 1Ts, 타임 10줄, 깐마늘 10개, 월계수잎 2장,
올리브오일 1ℓ

Recipe.
1. 버섯은 한 입 크기로 손질한다.
2. 작은 냄비에 모든 재료를 넣고 약불(120도)에서 1시간 동안
삶는다.
3. 식히면 버섯 콩피 완성!

+ 파스타를 만들기 위해 고운 채에 받쳐 버섯과 오일을 분리해두세요.
+ 완성된 버섯 콩피는 샐러드에 곁들여도 맛있어요.

' 오일에 식재료를 넣고 저온에서 오랫동안 조리하는 방법.

2) 버섯 콩피를 곁들인 파스타 만들기

Ingredients.
스파게티(면) 200g, 바질 20g, 시금치 20장, 파슬리 파우더 2Ts, 통후추 10알, 소금 약간, 물

Recipe.
1. 냄비에 물과 소금 약간을 넣고 면을 살짝 덜 익게(알덴테) 삶아둔다.
2. 프라이팬에 버섯 콩피를 센 불로 볶는다.
3. 으깬 통후추를 넣어 향을 끌어올린 뒤, 시금치를 넣고 익을 때까지 볶는다.
5. 콩피한 오일과 면수를 넣어가며 소스 농도를 맞춘다.
6. 접시에 삶아둔 면을 담고, 얇게 슬라이스한 바질과 소금을 넣어 버무린다.
7. 그 위에 버섯 콩피 소스를 듬뿍 올리고, 파슬리 파우더를 뿌려 완성한다.

+ 공격수세프의 킥!
평소에 쉽게 구할 수 있는 종류의 버섯을 사용하면 되는데, 이 레시피에서 맛을
내주는 버섯은 표고예요. 감칠맛을 많이 내주거든요. 새송이버섯은 개인적으로
아삭거리는 씹는 질감 때문에 넣습니다. 양송이는 살짝 물컹하고 부서지는
느낌인데, 이렇게 식감이 강한 재료와 약한 재료가 어우러지니 먹는 재미가
더해지죠. 그리고 양송이에서 빠지는 즙, 수분이 감칠맛을 더해줍니다.

미식에서 시작해서 지식으로 끝나는

미스ㅓ ㄱ경제ㅐ상ㅇ

초판 1쇄 인쇄 2023년 12월 04일
초판 1쇄 발행 2023년 12월 13일

지은이 토스, 박민혁
펴낸이 이승현

출판1 본부장 한수미
컬처 팀장 박혜미
편집 박혜미
디자인 스튜디오 고민

펴낸곳 ㈜위즈덤하우스 **출판등록** 2000년 5월 23일 제13-1071호
주소 서울특별시 마포구 양화로 19 합정오피스빌딩 17층
전화 02) 2179-5600 **홈페이지** www.wisdomhouse.co.kr

ISBN 979-11-7171-078-2 (03320)